KB110520

일본의 서양문화 수용사

차례
Contents

들어가기

　'일본은 서양문화를 어떻게 수용하였는가?'하는 것은 우리의 해묵은 관심사 중 하나다. 왜냐하면 일본은 서양문화의 수용을 통해 근대화를 이룬 국가라 할 수 있기 때문이다. 명시적으로 일본의 근대화라는 것은 '서양문화와의 접촉을 통해 이루어진' 동시에 '서양문화의 모방'을 의미하는 것이기도 하다. 이로써 일본의 '서양문화 수용사'를 살펴보는 것은 일본을 해석하고 이해하는 또 다른 시도가 될 것이다.

　일본이 서양의 문화에 접촉한 것은 우연이라는 계기가 크게 작용하였다. 포르투갈인이 우연히 큐슈 남단의 섬에 표착한 1543년 이후 이 우연한 사건은 점차 확산하여 일본에서 조총이 만들어졌고, 이 새로운 무기는 임진왜란을 일으켜 국제사회의 변동을 초래하였다.

일본이 서양문화를 수용하게 되는 역사를 살펴보면, 일본에서 서양은 포르투갈과 스페인, 네덜란드와 영국 그리고 미국의 순서로 시차를 두고 등장했다는 것을 알 수 있다. 이들 국가들에 의해 일본인은 서양에 대한 관념과 이미지를 형성한 것이다. 기독교를 금지하고 선박의 내항을 제한하는 쇄국정책의 틀 안에서 때로는 적대적으로 때로는 친밀한 관계를 유지하면서 선별적으로 수용된 서양문화는 일본의 문화형성에 지대한 영향을 미쳤다.

일본이 서양문화와 문물을 어떻게 수용하였는지, 현실의 정치에 어떻게 이용하였는지를 단적으로 보여주는 장면을 하나 살펴보자.

페리제독이 이끄는 미국의 동인도 함대 4척이 에도막부 시대에 우라가[浦賀]에 들이 닥친 1853년 7월의 사건은 그 이전까지 일본의 자유의사에 의해 국가의 개폐를 관장하던 것과 전혀 다른 것이었다. 이는 군함을 앞세운 무력적 외교의 일환이었다. 그 결과 일본은 최초의 근대조약(미일화친조약, 미일통상조약)을 미국과 체결하고 항구를 개항하지 않으면 안 되었다.

이 시점에서 충격적인 것은 1853년 7월 8일에 나타난 페리제독의 함대를 맞는 에도막부의 대응 방법이다. 당시 도쿄만을 관할했던 행정기관인 우라가 부교쇼[浦賀奉行所]의 기록에는 통상적인 "일본 배 크기의 3배 정도로 보이는"(사실은 10배) 당시의 세계최고의 규모인 2,450톤의 증기선 기함 서스쿼하나호를 발견하였으나 "전후좌우 자유자재로 움직이고, 마치 날아가는 새처럼 곧 시야를 벗어"났다고 쓰여 있다. 정박한 이 기함을 발견하자 당시 우라가 부교쇼의 관료 나카시마 사부로스케와 네덜란드어 통역사인 호리다 츠노스케가 작은 배를 타고 미국 함대에 다가갔다고 한다. 오직 네덜란드와의 교역을 통해서만 아시아에 대한 정보와 유럽의 소식을 듣던 일본은 매년 네덜란드 선박이 일본에 도착할 때마다 그 소식을 서면으로 작성해 정부에 제출했다. 나가사키 부교쇼는 이를 『네덜란드 풍설서』라는 제목으로 번역하여 에도막부에 보고하고 있었다. 그 결과 일본정부는 아편전쟁에 대해서도 구체적으로 알고 있었고 이 전쟁에서 청나라가 패한 사실도 알고 있었다. 페리가 곧 올 것이라는 사실도 소식을 통해 알고 있었던 에도막부는 미국선박이 일본에 올 것에 대비하여 네덜란드어가 가능한 통역사를 나가사키에서 도쿄연안의 우라가로 옮겨 배치해 두고 있었던 것이다.

　네덜란드어 세습통역사인 호리다 츠노스케는 서둘러 영어를 익혔다. 그리고 페리제독이 이끌고 온 4척의 흑선이 어디에서 어떤 목적으로 온 것인지 확인하기 위해 일단 영어로 "I can speak Dutch"(네덜란드어로 이야기 합시다)라고 흑선을 향해 소리쳤다. 이에 대해 미국의 함대 측에서는 네덜란드어 통역사인 포트맨이 나와 "제독은 고관의 승선을 희망하고 있다"고 답해 우라가 부교쇼의 관료 나카시마 사부로스케와 통역사 호리다 츠노스케는 기함 서스퀘하나 호에 승선할 수 있었다.

일본의 관료는 서양의 배가 일본에 도착할 것을 예상하고 있었고 이를 위해 통역사를 배치해 두는 치밀함을 보였던 것이다. 서양문화에 관련된 지식이 일본에 들어와 차곡차곡 쌓여 새로운 사태에 대한 대비를 할 수 있게 한 것이었다. 당시의 네덜란드의 왕은 일본이 미국의 제의를 거절하지 않는 것이 유리하다는 조언까지 하고 있으며 이러한 건의 역시 에도막부에 전달되었다. 오랜 기간 일본과 관계를 맺었던 서양국가는 여러 가지 형태로 일본에 그 흔적을 남겼고 일본은 기본적으로는 이들의 흔적을 부정하지 않는 자세를 유지해 왔다.

이 책에서는 서양에서 유입된 문물을 통해 서양문화의 수용의 역사를 살펴보고자 하는데 서양의 이질적인 문화와 접촉함으로써 일본이 어떻게 변모했는가를 살펴보는 것이 그 목적이라고 하겠다. 새로이 들어온 물건들은 일본인들의 호기심과 관심을 끌었고, 일본은 단순한 관심을 넘어서 또 다른 문물을 만들어내는 열정을 보이기도 했다. 일례로 조총(철포), 별사탕, 카스텔라, 단팥빵 그리고 돈가스 같은 것들은 모두 이질적인 문화와의 만남으로부터 생겨난 새로운 것이었다. 이러한 문물의 영향을 추적해 보면 '일본이 서양의 문화를 어떻게 수용하였는지', '일본인의 서양관이 어떻게 형성되었는지'를 확인할 수 있으며, 그것들이 일본인의 정신세계에 어떠한 영향을 미쳤는지도 알 수 있게 될 것이다.

별사탕과 오다 노부나가

뾰족한 각이 20개 혹은 30개 있어 별모양으로 보이는 조그마한 별사탕은 우리에게도 낯선 것이 아니다. 그러나 이 별사탕이 어디에서 만들어져서 우리에게 알려졌는가를 아는 이는 그리 많지 않을 것이다. 별사탕은 '대항해시대'[1]라 불리던 시절에 포르투갈에서 아시아로 전해진 것으로, 1563년에 일본으로 건너 온 예수회의 포르투갈인 선교사 루이스 프로이스(Luis Frois)가 쓴 기록에 처음으로 등장한다.[2] 1569년에 기록된 이 별사탕의 일본식 이름인 콘페이토[今平糖]는 포르투갈식 이름인 콘페이토(Confeito)와 발음이 같았다.

이 장에서는 별사탕의 일본유입 과정과 오다 노부나가의 이야기를 통해 일본에 대한 새로운 인식을 시작해 보려 한다. 오다 노부나가는 1560년 26세의 나이에 당시 유력한 명장인 이마카와 요시모토[今川義元]를 기습작전으로 오케하자마에서 격파한 바 있고, 암살로 사망한 13대 장군인 아시카가 요시테루[足利義輝]의 동생 요시아키[足利義昭]를 새로운 장군으로 옹립하면서 정치적 명분을 세우고 있었다.

교토에 위치한 당시의 무로마치막부는 지리적 조건으로 말미암아 천황가와 사원 어느 쪽으로부터도 완벽한 독립을 이루지는 못하고 있었다. 오와리(지금의 아이치현)의 유력한 지방영주였던 노부나가는 천하포무(天下布武)를 새로운 정치 슬로건으로 내걸고 '무가의 정권'만으로 일본을 지배하겠다는 이상을 공개했고 1573년 요시아키를 교토에서 내쫓음으로써 무로마치막부를 종결시켰다.

그렇다면 이 인물은 서양문명의 수용과 관련해서 어떤 역할을 했는가?

1569년, 전국시대에 일본을 통일하려는 야망에 찬 오다 노부나가(織田信長, 1534~1582)는 무로마치막부의 마지막(15대) 장군인 아시카가 요시아키(足利義昭, 재위기간 1568~1753)가 들어갈 새로운 성을 쌓는 교토의 공사장에서 바쁜 시간을 보내고 있었다. 그리고 4월 16일의 봄날, 노부나가는 6,000-7,000명이 일하고 있는 공사 현장에서 해자의 다리 위에 선 채 포르투갈인 선교사 일행을 맞이하였다. 프로이스 신부는 멀리서 경의를 표한 후 다리 위의 판자에서 노부나가와 마주 앉았다.

이날 만난 오다 노부나가에 대하여 프로이스는 "그는 중간

키, 중간 정도의 체구이고 목소리는 쾌활하였다"고 전한다. 또한 "수염이 적었다"라고 적고 있는 것을 보아 오다 노부나가는 매끈한 얼굴이었던 것으로 생각된다. 프로이스에 의하면 그는 이야기의 서두를 길게 늘어놓는 긴 수식어는 싫어하였고 비천하고 경멸스러운 사람과도 스스럼없이 이야기하는 사람이었다고 한다. 술을 마시지 않고 식사는 적당히 하였으며 잠을 자는 시간은 적고 일찍 일어나는 탐욕스럽지 않은 사람이었다는 것이다. 또한 그의 집은 지극히 청결하였으며 스스로도 전쟁을 좋아하고 무예훈련에 전념하는 사람이라고 말했다고도 하고, 차를 마시기 위해 사용하는 찻잔과 좋은 말과 칼, 그리고 매사냥과 씨름구경을 좋아하였다고도 한다. 이 외에도 오다 노부나가에 대해 프로이스가 적은 것도 다음과 같다.

그는 명예심이 강하여 타인으로부터 모욕을 당하였을 때 이를 처벌하지 않고 그냥 두는 일이 없었으며, 그의 행동은 무엇에도 구속을 받지 않았고 그 견해는 존대 불손하여 일본의 왕후도 경멸하며 마치 부하와 같이 내려다보는 것처럼 말하였다. 부하의 말에 좌우되는 일은 결코 없었고 부하들은 그에게 절대군주를 대하듯 복종하였으며 극도의 공포의 대상이었으나 그는 어떤 사실에 대하여는 상냥하고 자비로움을 보였다.[3] 사람들은 무슨 일이라도 그의 명령을 따랐으며 그는 존경받고 있었다. 그에게는 다소 우울한 그림자가 있었지만 곤란한 기획에도 대담하고 두려워하는 일이 없었다.

다소 우울한 그림자가 있는 절대군주, '그늘이 있는 남자'인 오다 노부나가는 이날 2시간 가까이 신부와 자리를 같이하며 이야기를 나누었다.[4] 프로이스는 이 자리에서 노부나가에게 유리병에 들은 별사탕과 양초를 선물로 헌상하였고, 원하던 대로 기독교 포교를 허가받을 수

도요타시[豊田市]의 쵸우코우지[長興寺]에 소장되어 있는 오다 노부나가의 초상화.

있었다. 물론 그렇다고 해서 노부나가가 기독교를 깊이 이해하고 있었던 것은 아니었다. 프로이스는 노부나가의 종교관에 대하여 다음과 같이 말한다.

그는 신불(神佛)의 제사나 제례를 가볍게 여기고 복점이나 미신 같은 관습을 경멸하였으며, 명의상으로는 (불교의) 법화종에 속하고 있었지만 영혼의 불멸은 믿지 않고 내세에서의 상벌도 믿지 않았다. 다만 모든 우상보다 자신을 훌륭한 것으로 생각하고 있을 뿐이었다.

그렇다면 노부나가가 신부일행에게 교토와 기타 지역에 거주하고 기독교를 포교할 수 있는 자유를 주고 일본인의 의무를

면세시켜 주고 "괴롭히는 자가 있다면 처치를 하겠다"고 까지 적힌 면허장을 발부한 이유는 무엇일까?

당시 노부나가는 넓은 토지와 독자적인 승병을 가지고 정치적으로 큰 힘을 가지고 있는 하나의 큰 위협적인 존재와 대면하고 있었다. 그것은 불교 세력이었다. 노부나가는 기성 종교세력인 불교를 타도하기 위해 기독교를 이용하고 싶었던 것이다. 이러한 목적으로 노부나가는 프라이스에게 면허장을 발부하였고, 신부들은 그 내용을 나무판에 옮겨 교회당 건물의 입구에 세워두었다.

그럼 다시 별사탕으로 돌아가 보자. 선물로 받은 별사탕에 대하여 노부나가의 반응이 어떠하였는지 명확한 사료는 남아 있지 않다. 다만 그가 신기한 새로운 물건을 좋아했으므로 포르투갈의 물건도 좋아했으리라는 추측이 가능한 정도다. 프로이스 신부는 미리 유럽에서 만들어진 커다란 거울, 포르투갈의 검은 빌로드(벨벳) 모자, 그리고 벵갈산 등나무로 만든 지팡이 등을 노부나가에게 헌상하였는데 노부나가는 그 중 빌로드 모자만을 선택하고 나머지는 신부에게 돌려주었다고 한다. 노부나가는 그 후 군마를 모아 위력을 과시하면서 벨벳으로 만든 망토를 두르고 포르투갈 모자를 쓰고 나타나 당시 상류층의 유행이었던 외래 사상과 문화로 스스로를 장식하는 경향을 보여주었다.

서양인 선교사가 일본의 절대 권력자에게 헌상하면서 일본의 역사에 등장하는 별사탕은 앞서 언급한대로 포르투갈에서 아시아로 전해진 것이었다. 별사탕을 포함한 서양의 과자들은 그 후에도 기독교의 포교수단으로 유용하게 사용되었다. 훗날 오다 노부나가를 계승하여 일본의 통일을 이룬 도요토미 히데요시의 의사였던 오제호안[小瀬甫庵]이 쓴 도요토미 히데요시의 전기인 『보암태합기 甫庵太閤記』(1625)[5]에는 술을 좋아하는 사람에게는 포도주, 술을 못 먹는 사람에게는 카스텔라, 보올로, 카루메이라, 아르헤이토, 콘페이토를 주며 교회당을 구경시키며 포교하는 선교사의 이야기가 나온다.

1688년에 이시하라 사이카쿠[井原西鶴]라는 작가는 『일본영대장 日本永代蔵』이라는 제목의 '부자가 되기 위한 가르침'을 주제로 한 문학작품을 발표하였다. 나가사키에서 별사탕의 제조법을 고안하여 부자가 된 상인의 이야기가 전해지는데 이로 보아 당시 일본에서는 별사탕이 만들어 졌던 것으로 보인다. 또한 이 소설 속 내용을 통해 당시 별사탕이 어떻게 만들어졌는지도 알 수 있다.

별사탕을 만드는 기술은 핵을 중심으로 하여 원심력과 구심력을 이용한 방법이었다는데 그 제조법은 지금과도 그리 다를 바 없어 보인다. 요리의 비법을 전수하는 『고금명물어전과자비전초 古今名物御前菓子秘伝抄』(1718)라는 서적에도 별사탕에 대해 구체적으로 기록한 부분이 있다.

얼음설탕 1되(1.4킬로그램)에 물 2되(1.6리터)를 넣고 반 정도 될 때까지 그것을 졸인 다음 다른 냄비에 계자씨(핵에 해당하는 것으로, 이시하라 사이카쿠의 작품에서는 깨, 지금은 설탕알갱이로 대체된다)를 넣고 약한 불에 빙글빙글 돌리며 졸인 설탕물을 조금씩 끼얹으면 점차 여러 각으로 부착되는데, 완성되기까지는 2주일이 걸린다.

또한 흥미로운 것은 도요토미 히데요시의 전기인『보암태합기 甫庵太閤記』에서 별사탕 이외에 카스텔라나 카르메이라를 기록하고 있다는 것이다. 그리고 후에 이야기할 단팥빵과 돈가스 또한 차차 일본의 역사에 등장하게 된다. 앞서 밝혔듯 이것들의 커다란 공통점은 '일본에 서양인이 도착하고 여기에서 촉발된 변화에 의하여 만들어진 것'이라는 점이다.

이러한 변화는 세계사에서 무엇을 의미하는가? 식생활에서의 이러한 새로움은 우리에게 어떠한 것을 시사하는가? 세계사에서 물건의 유통이란 어떠한 의미를 갖는가? 일본은 어떻게 서양문화를 수용하였는가? 이 물음들에 대한 답을 찾아가보도록 하자.

예수회의 일본 진출과 '별사탕로드'

일본에 온 예수회의 선교사

포르투갈과 스페인의 영토확장 경쟁이 점차 치열해지자 신대륙을 발견한 콜럼버스의 성공에 고무된 스페인은 1493년 신대륙을 독점하기 위해 로마 교황에게 서경 31도 8분 부근(교황 자오선)을 경계로 세계를 둘로 분할하여 동쪽은 포르투갈, 서쪽은 스페인에게 그 권리를 달라고 제안하였다. 그러나 포르투갈의 항의에 의해 1594년 서경 46도 30분 부근으로 경계선이 확정되는 「토르데시랴스 조약」이 체결되었다. 이로써 포르투갈이 아시아로 진출하고 스페인이 신대륙에 집중함으로써 세력을 명확히 구분한 두 강대국은 영토분쟁을 피할 수 있었다.

아시아 루트를 개발하기 위해 포르투갈이 파견한 바스코 다 가마는 1498년 희망봉을 경유하여 인도 서해안에 있는 캘커타에 도착하였다. 그리고 1510년에 인도의 고어에 도달한 아폰소 데 아르부케르케(Afonso de Alebuqurque, 1453~1515)는 고어에 포르투갈 총독부를 세우고 1511년 말라카를 점령하였다. 이후 포르투갈의 세력은 마카오까지 도달하였다. 해양국가의 패권쟁탈전이 격화되는 근대에 성립된 '영해'의 개념은 없던 때이므로 이들의 진출은 큰 문제없이 진행되었다. 이들의 목적은 도착한 곳의 육지를 점령하고 토착지의 자원을 확보하는 것이었다. 이 무렵 유럽에서는 향신료에 대한 수요가 급증하였는데 바스코 다가마는 항해의 목적이 '기독교도와 향료'라고 대답하였다. 이는 곧 기독교의 전파와 후추나 향료 등 아시아의 생산물을 통한 상업적 이익을 의미하는 것이었다.

"포르투갈이 기독교 전파를 위해 이슬람교도에 대항한다"는 주장은 국내 및 유럽 전체로부터 탐험 항해에 대한 지지를 획득하기 위한 것이었다. 포르투갈이나 스페인의 대외진출은 이슬람교도와의 싸움이라고 하는 종교적 목적을 표방하고 있었다. 그러나 내실을 살펴보면 가장 서쪽에 위치하였기 때문에 더욱 서쪽으로 진출할 수밖에 없었던 포르투갈은 항해기술의 벽을 깨고 점차 아프리카에 진출한 것이고, 그 최종목표는 아시아산 향료의 확보였다. 향신료는 기후와 풍토가 맞지 않으면 재배할 수 없기 때문에 생산되는 현지에서 완성품을 사들여야 했다.[6) 희망봉에서 인도의 캘커타에 도달하는 인도항로가 열리자 이슬람 교도의 향료무역, 즉 지중해를 통한 베네치아로 이어지는 캐러반무역(실크로드)과 별도로 포르투갈이 개척한 항로를 따라 종교교단의 아시아 진출도 진행되었다.

포르투갈이 지구를 돌아 아시아에 도착하자 스페인 계열의 프란시스코회, 도미니코회, 아우구스티누스회도 그 반대편으로 돌아 일본의 기독교 포교에 가세하였다. 그러나 포교문화 및 사회활동에서 주도적인 역할을 한 것은 예수회였다.

예수회(Society of Jusus, Companhia de Jesus)는 로욜라(Igloriam de Loyola)를 중심으로 한 7명의 동지에 의해 창설되고 1540년 9월 27일 로마의 교황으로부터 인가를 받았다.[7] 파리의 붉은 흙이 노출된, 조용하고 푸른 몽마르트 언덕에 있는 디오니시우스 성당에서 이들은 루터의 종교개혁운동에 대처하고 다시 가톨릭을 새건하기 위하여 정결, 청빈, 세계선교를 모토로 예수회를 발족하였다. 중남미로 진출한 선교사들이 내부의 개혁자로서 목적을 위해 수단을 가리지 않는 저돌적이고 군대적인 투사의 모습을 보였으나 아시아에 진출한 선교사들의 포교 태도는 이와는 참으로 대조적이었다.

로마에 있는 총본부(Curia)가 관할하는 인도 관구(Province)에 속해있던 일본은 1581년 준관구가 되고 1608년 독자적으로 일본관구가 되었지만 1639년 포르투갈인이 전면 추방됨에 이르러 일본에서 예수회는 소멸하였다.

처음으로 선교 목적으로 일본에 상륙한 선교사 프란시스코 자비엘(St. Francis Xavier 1506~1552) 신부는 예수회를 처음 창설한

7명의 동지 중 한 사람이었다. 1541년에 35세가 된 자비엘은 4월 7일 포르투갈의 리스본에서 출항하는 함대 중 산차고라는 선박을 타고 미지의 세계를 향하여 출발하여 아프리카의 희망봉을 우회하여 모잠비크, 포르투갈령이 된 인도의 고어, 그리고 말레이시아의 말라카에 도착하였다.

그가 말라카에서 일본 가고시마 출신의 야지로라는 청년을 만난 것은 1546년의 일이었다. 자비엘은 "야지로는 나의 설교 강의를 듣고 모든 신앙개조를 자기나라말로 적었다. 그리고 성당에 와서 나에게 무수히 질문을 하였고 강한 지식욕을 가지고 있었다"라고 하면서 "만약 모든 일본인이 야지로와 같이 배우는 것을 좋아하는 국민이라면 일본인은 새로 발견된 여러 나

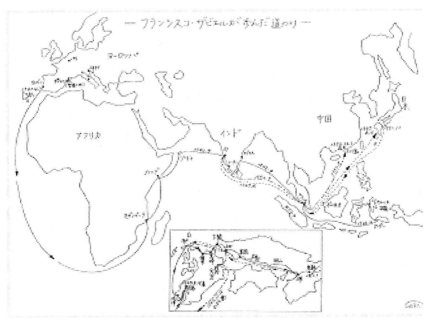

선교사 자비엘이 건너온 길. 이는 대항해시대에 동쪽으로 돌아 아시아로 오는 길로, 별사탕으로 상징되는 서양문물이 아시아로 건너오는 길이었다.

라 중 고급인종일 것이
다"라며 선교에 대한 열
정과 사명감을 갖고 일
본포교를 독단적으로 결
정하였다. 그리고 스페인
신부 코스메 드 토레스
(Cosme de Torrees)와 수도사
판 페르난데스를 포함한
일행 9명과 함께 중국의
정크선을 타고 1549년
8월 15일 야지로의 고향
가고시마에 도착하였다.

고베시립박물관이 소장하고 있는 자비엘의 초상화.
'자비엘이 사크라멘트(로마 카톨릭의 7가지 의식)를
행한다'라고 일본어로 적혀 있다.

　야지로의 고향 가고시마에 지리를 잡은 개척적인 선교단 일
행은 9월 29일, 이 지역의 영주 시마즈 다카히사[島津貴久]를
만났는데 그는 포르투갈과의 무역을 원하여 기독교 포교를 허
가하였다. 자비엘은 이미 6년 전 일본의 다네가시마[種子島]에
서양의 철포가 전래되고 포르투갈인이 도착한 것을 알고 있었
다.

　그는 도착 3개월 후 마카오에 있는 포르투갈의 카피탄(남만
선의 선장으로, 마카오 총독을 겸한다)에 서한을 보내 일본무역을 촉
진함과 동시에 수익성을 보장하고자 애썼다. 이렇게 포르투갈
상인과 일본과의 무역활동은 애초부터 교회의 주도에 의해 시
작된 것이었다.

자비엘은 서한에서 "신부를 일본에 보낼 때 다음 리스트에 있는 상품을 가지고 오면 틀림없이 막대한 금과 은을 얻을 수 있습니다"라고 하면서 포교를 목적으로 하는 신부를 보내줄 것을 희망하였다.

자비엘은 1년 정도 가고시마에 체류하는 동안 100여 명에게 세례를 주었다. 그러나 큐슈지역의 지방영주뿐 아니라 일본 최고의 권력자에게 포교의 허가를 받고 싶었던 자비엘은 천황이 있는 교토를 향하였다. 그보다 앞서 유럽과 인도에서 포르투갈 배편에 보내온 '예수회'의 편지를 받기 위해 히라도로 향하였다가 히라도에서 2달간 체류한 후 전쟁상태의 교토에 도달하였으나 전국시대의 조정에는 실권이 없고 권력자가 불분명하여 천황을 만날 수 없었다. 자비엘은 '데우스(deus, 신)의 씨앗을 뿌릴 상태가 아니다'라고 판단하고 야마구치로 이동,[8) 그곳 영주의 도움으로 500명 이상에게 세례를 주었다.

자비엘은 그와 함께 일본에 도착하였던 토레스 신부에게 야마구치의 교회를 맡기고 붕고(지금의 오이타)에서 포르투갈선박을 타고 11월 15일에 2년 2개월 동안의 일정을 정리하고 일본을 떠났다. 중국에서의 포교가 그의 여행의 목표였지만 자비엘은 열병에 걸려 중국을 눈앞에 둔 채 1552년 12월 3일 사망하였다.

포르투갈에서 예수회에 입회한 프로이스는 일본으로 선교를 위해 떠나는 자비엘 신부 일행을 1548년 인도의 고어에서 만났다. 프로이스의 나이 16세 때 이루어진 이 만남은 그의 인생을 바꾸고 말았다. 그는 자비엘이 일본을 떠나 1552년 인도의 고어에 도착하였을 때에도 자비엘 일행에게서 일본에 대한 보고를 들었고, 마침내 1563년에 31세가 된 프로이스는 신부가 되어 일본의 요코세항에 그 발을 내딛었다. 일본에 남아 11년 동안 포교활동을 계속하고 있었던 코스메 토레스 신부와 판 페르난데스는 그를 맞이하면서 눈물을 참을 수 없었다고 한다. 이로부터 6년 후 프로이스 신부는 당시의 최고 권력자 오다 노부나가를 만나게 되는 것이다.

전국시대를 종식시킨 '별사탕로드'의 물건들

뱃길의 실크로드, 별사탕로드

이 무렵에 일본에 온 예수회 서양 신부들의 모습이 '남만병풍'에 그려져 있다. '남만병풍'이란 포르투갈인의 모습을 그린, 병풍모양으로 된 풍속화를 말한다. 지금 현존하는 남만병풍은 70여 점인데 복을 가져오는 그림으로 여겨져 포르투갈인이 추방되고 기독교가 금지된 후에도 많이 제작되었다.[9] 라틴세계의 이상적인 미와 화려하고 장식성이 강한 그림으로 금박을 잘라 붙인 금지(金地)가 배경으로 드러난다. 일본풍속화 병풍제작의 전통을 따라 8곡(曲), 즉 8장의 패널로 만들어지고 좌우 1쌍이 한 세트이므로 총 16장의 패널로 이루어진 대작이다.

여기에서 사용되는 '남만'이란 용어는 중국에서 남방의 이방인을 지칭할 때 사용되는 말인데 일본에서는 태국, 필리핀, 인도네시아와 같은 동남아시아를 가리키다가 포르투갈과 스페인이 이 길을 통해 들어오자 포르투갈이나 라틴계의 나라를 뜻하게 되었다. 또한 이 길을 따라온 진기한 문물에도 같은 이름을 붙이게 되었다. 그러나 점차 본래 가지고 있었던 차별적인 의미를 잃어버린 이 단어는 '크리스천'이라는 이질적인 종교의 신비성이 가미되어 독특한 느낌과 호화롭고 이국적인 어감을 가지게 되었다.

다음 그림은 현재 고베 시립박물관에 소장되어 있는 '남만병풍'의 일부이다. 각 패널에 가노 나이젠(狩野内膳, 1570~1616)[10]의 낙관이 있는 것으로 보아 그의 작품으로 보인다. 가노 나이젠은 도요토미 히데요시가 임진왜란을 일으키기 위한 전초기지로 큐슈의 나고야지역에 신도시를 개발하는 모습을 그림으로 기록하기 위해 교토에서 온 화가 중의 한 사람인데, 당시에 나

고베시립박물관이 소장한 남만병풍의 한 부분.
가노 나이젠이 그린 것으로 추정된다. 154.5x362.5cm의 크기로,
위 그림은 총 16장의 패널 중 오른쪽으로 6, 7번째 패널의 일부에 해당한다.

가사키에 입항하는 포르투갈 선박을 보고 이 그림을 그린 것으로 추정된다.

남만병풍은 크게 3개의 유형으로 그려진다고 한다. 왼쪽에는 일본의 항구에 정박한 포르투갈 선박인 남만선이 짐을 내리고 싣는 모습을 그린다. 그와 더불어 오른쪽 8개의 패널에는 기독교인이 있는 남만사(南蠻寺)라는 교회의 모습을 그리고 이를 향해 걸어가는 카피탄 일행과 이들에게 호기심 어린 시선을 보내는 일본인의 구도로 구성되는 것이 첫 번째 유형으로, 이 유형의 그림이 현재 남아있는 그림의 반수 이상을 차지한다. 다른 유형은 이 구도의 그림을 모두 오른쪽으로 몰아넣고 왼쪽에 조금 더 상상의 여지가 있는 외국의 항구 및 출항하는 남만선을 그리거나 외국의 남만인을 그리는 것이다.

고베시립박물관이 소장하는 남만병풍은 왼쪽의 8쪽의 패널에 외국의 항구가 상징적으로 표현되어 있는 2번째 유형의 그림이다. 외국의 항구는 고어나 말라카를 상정한 것이고 여기에는 당시의 화가가 이국적인 풍경이라고 인식하는 코끼리와 남만선의 출항 모습이 그려져 있다. 오른쪽은 남만선이 일본에 입항하는 장면을 그린 것이다. 교회와 선교사를 향하여 카피탄의 행렬이 나가사키의 왼쪽에서 오른쪽으로 이동한다. 그가 진행하는 방향에는 일본풍의 교회에서 예배하는 사제와 고백의 장면이 그려져 있다. 좀 더 오른쪽에는 상가가 있어 칠기, 도자기, 염직물, 모피, 공작 깃털, 모자 등 이들이 가지고 온 수입품 같은 것들이 묘사되어 있다.

오른쪽 6, 7번째 패널의 하부의 그림에서는 카피탄의 선도자가 검은 옷을 입은 예수회의 수도사(이루만)에게 포르투갈선박의 도착을 알리고 있는 장면이 그려져 있다. 목에 주름모양의 고르제이라를 두른 것이 예수회의 수도사이고 검은 모자와 망토를 두른 것이 예수회의 신부(파드레)의 모습이다. 검은 옷은 예수회의 복장이다. 그 옆에 맨발로 회색 옷을 입고 회색 두건을 쓰고 밧줄로 된 벨트를 하고 있는 스페인 계열의 아우구스티누스회의 선교사의 모습이 보인다. 남만선을 타고 온 상인을 마중 나오는 선교사의 모습 등은 만약 화가가 목격하지 않았다면 그리기 어려운 장면이었을 것이다.

남만선을 타고 일본의 항구에 도착한 사람은 스페인, 포르투갈의 상인들이었는데 이들은 모자를 쓰고 있고 '갓파'라 하는 망토를 두르고 목에 주름(영어로는 라프(raff), 포르투갈어로는 고르제이라(gorgeira)라고 하는데 1580년 무렵에 가장 유행했다고 한다)이 있는 상의와 칼산이라 불리는, 위는 부풀리고 아래는 좁게 만든 바지를 입고 있다. 발에는 메리어스를 신고 있었는데 메리어스는 '양말'이라는 의미의 포르투갈어이다(이후 메리어스는 '신축성 있는 옷감'의 대명사가 되어 지금 우리나라에서도 그 용어가 사용되고 있다).

다음 그림에서는 흑인하인으로 보이는 사람이 카피탄으로 보이는 사람에게 양산을 씌우고 있다. 흑인하인은 대개는 인도네시아에서 온 사람들이고 서양인은 코가 높게 묘사되어 있으며 여기에는 보이지 않지만 공작새, 아라비아말과 같은 이국적

가노 나이젠이 그린 남만병풍의 한 부분. 오른쪽의 4, 5번째 패널의 일부분.

인 풍물이 그려져 남만에 대한 흥미를 표현하고 있다.

남만병풍에는 포르투갈인들의 화려한 복장이 사실적으로 묘사되어 있다. 어쩌면 이 시기의 포르투갈인이 일본에 미친 영향력은 여기에 그려진 의복처럼 강렬했었는지도 모른다. 이 시기에 전달된 가톨릭이 거의 존재도 없이 사라진 데 비해 이들이 입고 있었던 새로운 형태의 의복은 이국에 대한 동경을 불러일으키며 살아남아 일본인의 의복관을 바꾸기까지 하였다. 이는 일본인의 생활관을 크게 변화시켰다.

포르투갈어인 '쥬반'은 일본에서 '속옷'을 의미하는 '쥬반[襦袢]'으로 정착하였고 포르투갈어로 '외투'를 의미하는 '캇파'가 일본어 '갓파[合羽]'로 정착하게 되고 일본인들은 망토와 같은 외투를 착용하게 되었다. 서양의 의상에서 일본인이 무엇보다 놀란 것은 바지였다. 무릎까지 오는 칼산은 실크나 벨벳 등의 화려한 옷감으로 만든 것이었는데 일본에서는 카르산[軽衫]이라 불렀다. 디자인이나 기술면에서도, 부푼 바지와 같이 곡선으로 재봉하는 참신한 디자인이나 고르제이라와 프릴 등의 장식수법, 바이핑 등의 재봉기술이 도입되었고 단추, 단춧구멍도 역시 유행하였다.[11] 임진왜란에 참전한 카토 기요마사(1562~1611)가 착용하였다고 보이는 유품이 남아 있는데 여기에서 24개의 단추와 단춧구멍을 볼 수 있다.

쥬반은 목이 높은 스페인식 옷깃이 특징이다. 서구식 쥬반 위에 일본 옷을 입고 강조된 칼라의 부분을 보이는 모습은 남만패션이 유행한 결과이다. 고르제이라를 당시 일본 옷에 달기도 하였고, 갑옷 위에 입는 '진바오리'라는 의복 역시 남만복의 영향으로 보급된 것이었다.

포르투갈인의 도래에 의하여 일본에서 일어난 변화는 무엇보다 휴대용 총기와 같은 새로운 철포무기의 보급이었다. 철포

카토 기요마사가 착용한 단추가 있는 쥬반.

는 오다 노부나가에 의해 다량으로 생산되어 실제 전투에 투입되었고 이러한 신식병기가 출현한 결과 그 전까지는 기마부대가 주축세력이었던 것이 점차 보병스타일의 신식부대로 편성되었다. 철포무기의 보급으로 일본의 전국시대는 보다 일찍 종결되었고 일본은 전국이 통일되어 통일국가의 면모를 갖추게 되었다. 또한 이러한 신병기 덕에 일본은 임진왜란 등 대륙침략에 나설 수 있는 원동력을 얻을 수 있었던 것이다.

포르투갈인이 가톨릭과 더불어 일본에 가져온 것은 이 외에도 비누, 안경, 유리, 망원경, 카르타, 시계, 인쇄기술, 서양의학, 서양음악, 서양회화, 그리고 신대륙에서 발견한 새로운 식물이었다. 이러한 새로운 문물은 '별사탕로드'를 통하여 들어왔고 일본에 생활혁명을 가져왔다. 대륙에서는 '실크로드'의 문물이 한국을 통해 일본에 전달된 것과 달리 '별사탕로드'는 당시 일본이 종착지였고 임진왜란이라는 불행한 전쟁을 통해 간헐적으로 조선에 들어오기도 하였다.

임진왜란 시기에 고니시유키나가의 진지에 서양인 신부가 왔었다는 것도 그 중의 한 예이다. 물론 그가 있었던 지역은 한정되어 조선에 커다란 영향을 미쳤다고 볼 수는 없지만, 전쟁이 계속되었던 7년이라는 기간 동안 이러한 '별사탕로드'의 산물이 한국에 유입되었을 가능성을 완전히 배제할 순 없다.

당시의 '별사탕로드'를 통해 일본에 들어온 문물 중에 카르타라는 것이 있다. 이것은 서양의 트럼프에 해당하는 것으로 화려한 색채의 유럽풍의 그림이 그려진 총 48장의 판인데, 이

영향으로 일본에서도 카르타[カルタ]가 만들어졌다. 그 중 4계절의 12개월의 꽃을 정하여 4장씩 만든 카드가 '꽃 카르타[花カルタ]'라고 불리는데 이것이 곧 화투[花札]에 해당한다.

신대륙을 통해 새로이 알려진 식물도 '별사탕로드'를 통하여 일본에 들어온 이후에 중요한 음식이 되었다. 콜럼버스가 후추라고 생각하여 레드 페퍼(red pepper)라고 명명한 고추는 남미에서 생산되는 것으로, 이것이 아시아로 전래된 것은 스페인과 포르투갈인이 아시아로 진출하는 시기였다. 이 외에도 토마토, 감자, 고구마, 옥수수, 가지, 시금치, 호박도 세계를 일주하여 일본으로 들어오게 되었다. 호박은 일본어로 '카보챠[カボチャ]'라 하는데 이는 캄보디아를 의미하는 것으로 호박이 캄보디아를 경유하여 유입된 것이라 붙여진 이름이라고 한다. 감자는 '쟈가이모[ジャガイモ]'라고 하는데 이 역시 자카르타를 경유하여 왔기 때문에 붙여진 이름이다.[12]

일본에서 튀김을 의미하는 '덴푸라[テンプラ]'는 포르투갈어인 'Tempora'에서 온 말이다. 이는 종교용어로 유럽에서는 3월, 6월, 9월, 12월의 수요일·금요일·토요일의 3일간은 소고기를 먹지 않고 생선과 야채를 먹는다고 하는 데서 유래된 말이라고도 하고, 포르투갈어인 조미라는 뜻의 'temporas'에서 유래되었다고도 한다.

이처럼 '별사탕로드'를 통하여 들어온 새로운 문화는 일본의 전국시대를 종식시켰고 음식과 의복을 비롯한 생활의 여러 면에 혁명을 가져왔다.

카스텔라와 선교사

우리가 사용하는 '빵'이라는 말은 포르투갈어이다. 이 역시 별사탕로드를 통해 이 시기에 일본으로 들어온 것이다. 가톨릭의 종교의식에서는 무엇보다 빵과 포도주가 필요하다는 것과, 기독교의 포교는 남만선이 기항하는 곳을 따라 이루어졌다는 것을 생각하면 1550년경에 포르투갈 선박이 도착한 히라도, 1561년의 요코세와 붕고(지금의 오이타) 그리고 1571년에 개항한 나가사키에서도 빵이 만들어졌을 것으로 추정된다.

포르투갈과의 무역을 위해 나가사키를 기증하는 큐슈 지방의 영주 오오무라 스미타다[大村純忠]는 1563년 6월에 26명의 부하와 함께 일본인으로서는 최초로 기독교로 개종하고 돈 바스토메로라는 세례명을 받는다. 이 지역은 주민들이 거의 크리스천이 되어 신도만 6만 명, 교회는 70여 개에 이르는 기독교 왕국이 되었다. 물론 후에 가장 많은 순교자가 생긴 지역이기도 하다.

1563년 10월, 교회는 오오무라 스미타다를 초대하여 세례를 축하하는 연회를 열었다. 아르메이다 신부는 이에 대해 로마에 서한을 보내 "우리는 교회를 장식하고 오오무라 영주의 일행을 식탁으로 맞이하였습니다. 이때 일본인의 식사 그리고 유럽인의 식사를 만들었습니다. 비올라 악기를 연주하였습니다"라고 보고하였다.

요코세항이 반대파에 의하여 불탄 후 나가사키가 새로이 개항한 것은 1571년의 일이었는데 이곳에 최초로 세워진 투더스 오스 산토스 교회에서 빵과 포도주가 사용되었다. 모두 크리스천이었던 주민들은 교회에 가서 빵과 포도주를 접할 수 있게 되었다. 빵은 포르투갈어의 'pa'에서 온 말이고 밀가루가 있으면 만들 수 있는 것이지만 아마도 당시 일본에는 오븐이 없었기 때문에 빵을 만들 때 포르투갈인의 지도를 받았을 것이다. 마을에는 교회, 병원, 학교가 세워지고 빵을 굽는 가게, 소고기나 닭고기를 파는 가게도 생기고 배로 식품이 운반되었으며 이국풍의 요리(남만요리)가 준비되었다. 오오무라 스미타다는 1580년에 이 나가사키를 예수회에 기증하였는데, "포르투갈인들은 자유롭게 마을을 다니고 미사에는 신자가 넘치고 라틴어의 찬미가가 들렸다"고 전해진다.

1599년 10월 28일 메스키타 신부의 기록 중에는 "교토에서 만들어진 금박의 호스티아 상자를 작년에 보냈는데, 그 안에 일본의 밀가루로 만든 호스티아를 넣어 보냈습니다"라는, 빵에 대한 기록이 있다. 호스티아(hostia)에 대하여는 1600년 6월 나가사키에서 발간된 『도치리나 기리시단』이라는 교리서에 "빵 위에서 기독교의 말씀을 말하면 빵은 즉시 예수의 신체의 일부로 변하여 호스티아가 된다. 이는 이상한 일이다"라는 대목이 있다. 즉, 같은 빵이라도 성서의 말씀을 읊으면 신앙적인 것으로 숭고한 것이 된다고 하는 것이니, 일본에 전해진 초기의 빵은 종교의식에서 사용되는 호스티아(성체)였던 것이다.

1618년 10월 나가사키의 교회에서 코오우스 신부가 로마에 보낸 서간에는 나가사키의 요리에 대하여 다음과 같이 기록하고 있다.

일본에 살고 있는 신부 중 가장 즐겁게 생활하는 사람은 여기 나가사키에 사는 신부들이다. 나가사키의 교회는 유럽풍이고 마을에는 식용소의 도살이 있으며 빵을 굽는 사람이 많이 살고 있어서 신부들은 포르투갈이나 스페인에 사는 것과 같은 생활을 할 수 있기 때문이다. 나가사키에서 포르투갈인은 빵을 언제나 먹을 수 있었다.

이후 기독교가 금지되면서 에도막부는 소고기와 빵과 포도주는 기독교와 관계있는 것으로 여겨 금지하였고 따라서 나가사키의 빵가게나 고기를 파는 곳도 모두 문을 닫았다. 네덜란드와의 교역만을 허가한 1640년 이후에는 민간에서 빵을 만드는 것이 금지되었고 오직 한 가게만 네덜란드인을 위해 빵을 구어 숫자까지 세어가며 배분하였기 때문에 이를 일본인이 손에 넣는 일은 없었다.

그럼에도 나가사키의 명물이 된 카스텔라는 널리 보급되었다. 니시카와 죠겐(西川如見, 1648~1724)이라는 천문학자는 나가사키의 유래나 특산물에 대해 적은 『장기야화초 長崎夜話草』라는 책에서 나가사키의 명물을 열거하고 있는데 여기에 '카스텔라, 보울로, 콘페이토, 카루메이라, 비스킷, 빵' 등 14가지의 남만과자의 이름이 보인다. 여기에 언급된 카루메이라는 카라멜(caramelo)이라는 말과 같은 의미를 가지고 있는데 이 시기에 일본에 보급된 카루메이라는 지금 우리에게 '뽑기'로 알려진 설탕을 녹여 만든 과자와 같은 것이다. 일본에서 '카르메 야키'라고 불리는 뽑기와 흡사한 이 남만과자는 설탕을 녹여 탄산수소나트륨을 넣어 부풀리는 것이다.

당시에 가장 널리 보급되었고 우리에게도 익숙한 카스텔라는 콘페이토와 달리 포르투갈에서 만들어져 일본으로 전달된 것은 아니었다. 그리고 '카스텔라'라는 빵이름 자체도 서양식이 아니었다. 카스텔라의 원형은 스페인의 비스코초(Bizcocho)라는 과자인데 이는 2번 구웠다는 뜻을 가지고 있다. 2번 구운 이 과자는 장기간 보존하는 음식으로 마젤란의 배에도 실린 '바다의 식량'이었다. 1611년 스페인에서 만들어진 코바르비아스 사전에는 비스코초에 대하여 첫 번째 설명으로 '건빵'으로 기술하고 "힘대나 선박이 식료로 가지고 가기 위해 구운 빵으로, 썩지 않게 건조된 상태로 가지고 가기 위해 2번 구웠다"라고 기술하고 있다.

1726년 만들어진 왕립언어학사전에는 비스코초에 대해서 또 하나의 의미가 기재되어 있다. 첫 번째 의미로는 '건빵'으로 기술하고 있는데 이는 다른 사료에서도 발견된다. 14세기에 쓰인 아르폰소 11세(1312~1350 재위)의 연대기 속에 있는 계약서에는 "카스텔리아 국왕이 갈레이선의 선장에 대해 금화 500매와 함대의 식량 비스코초를 지급한다"는 표현이 있다. 모양에 대하여는 "긴 것, 둥근 것, 사각, 가늘고 긴 것, 시럽을 끼얹은 것, 시럽을 끼얹지 않은 것, 시나몬시럽을 끼얹은 것 등이 있다"고 기술된 것으로 보아 18세기에는 여러 가지 모양이 만들어졌다는 것을 알 수 있다. 이것으로 비스코초는 가볍고 장기보존이 가능하여 선원들에게 바다의 식량이 되는 건빵의 의미로 사용되었다는 것을 재차 확인할 수 있다.

이 사전에서는 비스코초의 2번째 의미가 '16세기에 여자 수도원에서 구운 부풀고 부드러운 것'이라 되어 있다. 사용용례로서는 1632년 출판된 로베 데 베카의 소설 『라 도로테아』를 들고 있는데 여기에서 "몸이 쇠약하였을 때는 비스코초가 좋다"고 도로테아가 말하고 있는 것[13]을 보아 17세기부터 비스코초는 2번 구운 건빵을 말하는 것이 아니라 부드러운 스폰지 케익을 지칭한 것으로 보인다.

포르투갈에는 스페인의 비스코초와 같은 것으로 빵-드-로

(Pao-de-lo)가 있다고 한다. 이 역시 수도원의 수녀에 의해 만들어진 음식으로 특별한 날에 먹는 것이었다.[14] 이렇게 비스코초나 빵-드-로라고 불리던 것이 카스텔라의 원형이라고 하는데, 그렇다면 일본에서 어떻게 카스텔라라고 불리게 된 것일까? 여기에는 재미있는 몇 가지 이야기가 있다.

16세기에 스페인에는 카스텔라 왕국이 있었다고 한다. 성이 많아 카스텔라라고 불렸는데 일본인이 일본에 와 있던 포르투갈인에게 포르투갈에서 건너온 과자를 가리키며 "이 과자의 이름은 무엇인가?"라고 묻자 "카스텔라지방에서 만든 과자"라고 대답한 것에서 유래하였다고 한다. 혹은 선교사들이 가지고 온 과자의 포장에는 성곽이 그려져 있었는데, 일본인이 과자에 대해 질문하자 선교사는 성곽을 물은 것으로 생각하고 카스텔로라 대답하여 카스텔라라고 불리기 시작했다는 설도 있다. 쉬어가는 이야기로 이는 '캥거루'의 경우와 같다. 처음 호주대륙에 도착한 영국인들이 들판을 뛰어다니는 이상한 동물을 보고 원주민에게 이름을 묻자 "나는 몰라요"라는 의미로 원주민이 "캥거루"라고 답한 것을 영국인은 이름으로 착각하여 캥거루에게 '캥거루'라는 이름이 붙었다고 하니, 캥거루나 카스텔라의 이름의 유래는 결국 동문서답의 결과라 할 수 있다.

또한 카스텔라를 만들 때 빵이 높이 부풀게 하기 위해 계란 흰자를 거품낼 때 "Bater as claras em castelo!(거품아! 성처럼 높아져라)"라고 소리를 내어 주문을 외웠다 하는데 이때의 카스텔로(castelo)라는 소리가 귀에 남아 카스텔라라고 불리게 되었다고

일본에서의 카스텔라 제조광경.

도 한다. 어쨌든 카스텔라는 일본에서 붙인 이름이었던 것이다.

카스텔라라는 명칭이 문헌상에 처음 등장한 것은 카와키타 온잔[河北温山]이 시마바라에서 일어난 농민봉기의 전말을 쓴 『원성기사 原城紀事』(1846)에서이다. 여기에 "1557년 포르투갈 선박을 타고 일본에 온 선교사가 큐슈의 카라츠에서 카스테이라[角寺鉄異老]를 비롯한 달고 신기한 과자를 만들어 사람들에게 나누어 주었다"는 기록이 나온다. 에도시대의 과자제조법을 쓴 책 『고금명물어전과자비전초 古今名物御前菓子秘伝抄』(1718)에는 "계란15) 50개를 풀어 백설탕 600근(2.25킬로그램), 밀가루 500근(1.88킬로그램)을 넣고 냄비에 종이를 깔고 굽는다"라고 카스텔라를 만드는 법이 나와 있다. "금속의 뚜껑을 덮고 상하에 불을 넣어 굽는다"는 것은 오븐을 이용하는 것을 의미한 듯 하다. 오븐이란 공기의 복사열로 가공하는 조리법인데 일본에서는 전통적으로 상하에 불을 넣는 조리법이 없었으므로 나가사키 사람들은 히키가마[引釜]라는 것을 이용하여 카스텔라를 만들었다고 한다. 히키가마는 뚜껑

히키가마.

에도 두꺼운 철판 위에 숯을 놓아 위에도 불을 넣어 윗뚜껑을 잡아당긴다고 하여 붙여진 이름으로, 둥근 모양의 것이었고 일본인들은 이를 오븐 대신 사용하였다. 1761년의 『고금명물어전과자도식 古今名物御前菓子図式』에는 "동으로 만든 냄비 속에 상자처럼 종이를 깔고 반죽을 넣은 후 종이로 뚜껑을 만들어 불에 넣고 조금 후에 종이를 떼어낸다"는 카스텔라 제법이 기술되어 있으므로 이 무렵부터 사각모양의 카스텔라가 만들어진 것으로 보인다.

우리나라 사람 중 아마도 최초로 일본의 카스텔라를 먹은 사람은 1682년에 일본을 방문한 조선통신사 일행일 것이다. 일본 측의 기록에 카스텔라를 진상하였다는 기록이 있다. 1682년의 대마도 종씨 가문의 기록 「천화신사기록 天和信使記録」(게이오대학 미타 미디어센터 소장)은 이 해 7월에 통신사가 왔을 때 오사카에서 시나가와까지 일본 측에서 향응한 내용을 기록하고 있는데 이때 진상한 품목으로는 카스텔라, 보울, 아르헤이토 등의 남만과자가 있다.

포르투갈의 선박인 남만선은 대개 4월에 동남아시아 수출용의 면직물을 싣고 인도의 고어를 출항하여 한 달 후 밀라카에 기항한다. 여기에서 면직물은 매각되고 그 대신 중국에 팔 향료, 일본에 팔 태국산 사슴가죽이 실린다. 그리고 계절풍을 기다렸다가 6월에 말라카를 떠나 7월에 마카오에 입항하여 물자를 매각하고 새로 일본용 판매상품으로 중국생사와 견직물, 도자기를 싣고 다음 해 5~6월경 일본으로 떠나 7~8월경에 도착했다. 그 후 나가사키에 3~4개월 체류하며 일본산 은을 싣고 11~12월에 다시 출항하여 마카오에 1~2월에 돌아간다. 여기에서 일본의 은이 매각되고 그 뒤 견직물을 싣고 다시 말라카나 고어로 돌아가는 것이다. 18개월에서 24개월간의 이 같은 여정을 통해 포르투갈은 중개무역으로 이익을 얻고 이슬람이나 중국 상인의 교역네트워크에 잠입한 것이었다.

포르투갈의 상인은 동남아시의 향료, 인도·유럽의 제품을 포르투갈 배로 나르고 중국의 생사와 견직물을 싣고 와 일본의 은과 바꾸어 운송으로 인해 큰 이익을 얻었다. 그 과정에서 구교도 국가인 포르투갈은 새로운 종교와 문물을 '별사탕로드'를 통하여 일본에 전하였다. 포르투갈 시인 카몬이스의 말대로 '땅이 끝나고 바다가 시작'되는 리스본에서 말하자면 '바다가 끝나고 땅이 시작되는' 나가사키에 도달하는 것이었다.

그러나 남만무역은 유럽과의 교역이라기보다 실질적으로는 동남아시아 무역이었다. 포르투갈의 인도 식민지 경영의 근거지는 고어인데 여기에 인도 총독부가 있었고, 고어에서 마카오를 경유하여 나가사키에 도달하는 항해의 권리는 고어의 특정 인물에게 하사되었다. 배는 대개 대형 한 척이고, 사령관은 카피탄 몰이라고 불리는데, 카피탄 몰은 마카오 통치의 최고책임자이기도 했다.

예수회도 이 무역에 투자하여 그 이익을 예수회 운영에 사용했다. 포르투갈 배가 일본에 도착하면 예수회는 여기서 얻는 이익을 미끼로 지방의 영주에게 개종을 권유했는데, 예수회의 경제적인 기반은 로마 교황으로부터 받는 급부금, 인도의 토지에서 발생하는 수입, 마카오의 건물이나 점포 임대 수입, 그리고 일본과의 생사무역과 견직물, 면직물, 설탕과 같은 물건의 교역에서 얻은 이익이었다고 한다. 예수회는 재정적 기반도 계산하였고 이러한 이익활동을 정당한 것으로 생각하였다.

남만무역으로 인해 설탕도 일본에 대량 수입되었다. 카스텔라 제조의 배경에는 남만무역이 있었다. 16세기에는 이베리아 반도인이 신대륙에 도착한 이후 브라질과 카리브 해에서 설탕생산이 개시되었다. 그 이전에도 인도, 중국에서는 설탕이 생산되었는데 16~17세기에는 설탕생산과 제당기술의 효율을 높이려는 혁신적 노력이 세계 각지에서 일어났고, 설탕은 세계적으로 확산되었다. 설탕의 변질을 막기 위해 불순물을 제거하는 기술은 중국의 기술이었는데, 그 결과 일본에는 중국산 설탕이 운반되어 16세기에 그 수입량이 급증하였다. 카스텔라는 설탕과 계란, 밀가루의 3요소를 가지고 만드는 것이어서 설탕의 공급 없이 보급되기는 어려웠다. 따라서 일본에서의 설탕소비량이 급격히 증가하고 일본인이 그리 먹지 않았던 계란도 이 시기부터 소비되기 시작한다. 설탕이 식문화를 바꾸어 새로운 생활문화가 전개되는 것이 이 시기에 상징적으로 나타나는 것이다.

일본의 식문화의 전환기는 '대항해시대'였다. 그리고 다시 메이지유신시대에 혁명적 전환기를 맞았다. 일본인에게 밀가루가 주식과 같은 의미를 갖게 된 것은 제2차세계대전 후 이루어진 미국의 식량원조에 의해서라 한다. 학교급식은 밀가루 음식을 주식화하는 데 유용하였고 일본인이 만든 중국식 면은 라면이라고 불리며 유행하게 되어 1958년에는 인스턴트 라면이 개발되기에 이르렀다.

선교사들의 활동에 의해 기독교 인구가 늘어나고 오다 노부나가가 사망한 이후 새로운 지도자로 군림하게 된 도요토미 히데요시도 기독교를 승인하는 것 같았으나 큐슈지방을 복속시킨 다음 1587년 7월 24일 「기독교 금교령」을 발령하고, 다음해에는 오오무라 스미타다가 예수회에 기증하여 교회령이었던 나가사키를 직할령으로 바꾸었다. 이는 1580년 오오무라 스미타다가 나가사키를 교회령으로 기증한 지 8년 후의 일이다.

도요토미는 기독교를 사교로 규정하고 신국(神國)인 일본에서는 기독교의 포교를 인정하지 않으며 선교사는 20일 내에 철수하도록 선포했다.[16) 그러나 선교사는 배편이 없어 현실적으로 20일 이내에 철수할 수 없었을 뿐 아니라 무엇보다 중요한 점은 포르투갈선의 일본 내항과 무역은 계속 허가하였기 때문에 실질적으로 금교가 이루어진 것은 아니었다. 결국 도요토미가 바란 것은 '신국사상'을 필두로 한 대항사상의 고취였고 '이질'에 대한 대결구도였다. 히데요시는 집권적 봉건제 수립을 선언하고 지방영주에 대한 정치·사상적 통제의 일환으로 나가사키의 실태를 알고 「선교사 추방령」을 선포한 것이었다. "포교금지령」은 존재 이유를 가지고 있는 것 같지 않다"라고 프로이스가 말했듯, 도요토미의 금교령이 실제로 효력을 발생한 것은 이로부터 12년 뒤의 일이다.

1597년 7월 12일 마닐라를 출항하여 멕시코를 향하던 스페인의 군선 '산 페리페호'가 10월에 일본 해안에 표착하였다. 이때 이 배에 타고 있던 항해사가 말한 "스페인은 전 세계에 광대한 식민지를 가지고 있고 이러한 영토획득을 위해 선구적 역할을 하는 것이 선교사"라는 발언은 일파만파로 번져 나갔다. 기독교를 불교의 일파 정도로 생각하던 일본은 스페인이 세계각지에 광대한 영토를 가지고 있는 이유가 선교사가 우선 어느 지역에 들어가 기독교를 전파하고 이후 점차 군대가 들어와서 그 지역을 정복하기 때문이라는 것과, 기독교의 배후에는 스페인과 같은 국가가 존재하여 전략적으로 선교사들이 파견된다는 사실을 인식하게 되었다.

도요토미에 의해 봉건제가 재편되면서 기독교는 위험사상으로 탄압의 대상이 되었다. 같은 해 12월 8일 프란시스코회의 신부와 신자에 대한 체포령이 발동되고 9일 교토의 프란시스코 성당에 있었던 5명이 체포된 것을 시작으로 일본인 신자 20명과 서양인 선교사 6명이 호송되어 나가사키의 니시자카의 언덕에서 처형되는, 이른바 일본에서의 '최초의 순교'가 일어났다. 일본에 온 지 35년이 된 65세의 프로이스는 이 해 2월 5일 나가사키에서 최초의 일본인 순교자가 십자가에서 죽는 광경을 목격하였다. 이후 프로이스는 1597년 7월 8일 「26인의 순교기록」을 쓴 것을 마지막으로 나가사키에서 일생을 마감한다. 이후 여러 번의 쇄국령이 발령되었고 기독교 포교를 조건으로 일본과 무역활동을 하던 포르투갈인은 1639년 모두 추방되었다.

자비엘을 비롯하여 예수회의 신부들은 일본에서 동화정책을 시도하였다. 일본인이 육식을 하는 습관이 없다는 것을 알고 스스로 육식을 거두었고 의식주를 일본풍으로 하고 수도회의 회칙에 어긋나게 실크옷을 입어(일본인은 초라한 복장을 선호하지 않았다) 사제로서의 품위를 지켰다. 또한 불교에 대한 연구를 하고 의식을 장엄화하기 위해 오르간을 수입하고 심지어 일본인의 호기심을 만족시키기 위해 이디오피아의 흑인을 데리고 오기도 하였다. 이들이 생각한 효과적 포교방법은 '일본인에게 순응하는 것'이었다.

물론 일본인 역시 종래의 동양사상이나 종교에 없는 새로운 신앙을 이해하는 것은 쉬운 일이 아니었다. 선교사들은 실제로 인도에서 왔으므로 가톨릭을 불교의 일파로 생각하기도 하였고 선교사 빌레라가 승려의 옷을 입기도 하고 종교개념을 전하기 위해 불교용어를 이용하기도 하였는데, 이는 가톨릭이 기성개념으로 이해된 탓에 교리적 본질이 오해되기도 하였으므로 그것을 교훈으로 삼아 일본에서 초기의 기독교는 번역어가 아닌 본래의 용어가 사용되었다. 우리는 천주라는 말에 익숙하지만 당시 일본에서는 천주라는 말 대신 데우스라 하였으며 기독교라는 말 대신 크리스토, 크리스천 등을 사용하였다. 일본에서 이 시기에 기독교 인구가 증가한 것은 조직화된 예수회의 태도 그리고 일본습속에의 순응책과 관계가 있다. 무엇보다 그때는 근세로의 과도기라 새로운 것에 대한 시대적 욕구가 있었고 전통사상의 부정자, 새로운 세계관의 제시자 및 과학적 지식과 합리적 정신의 파종자로서 예수회가 가진 역할이 있었다.

토인비는 종교를 문화의 기본적 요소로 보는데, 일본은 기독교라는 서양문명을 거부하는[17] 대신 그 안에서 특이한 것을 발췌하여 받아들였다고 한다. 다시 말해, 이질적인 것을 '동화'시키는 수용과 더불어 이질적인 것을 인정하여 받아들이는 '이화(異化)'라는 수용과정을 통해 생활양식이나 음식의 도입에 중요한 의미를 부여하였고 이후에도 남만문화나 남만취미는 기독교적 요소가 배제되어 미국이 군함을 가지고 일본에 올 때까지 이어졌다. 그리고 무엇보다 기독교 포교에 의해 서구사상 및 문화와 직접 교섭함으로써 일본인의 세계적 시야는 일거에 확대되었다.

데지마를 벗어난 홍모인과 난학

    1639년 포르투갈 선박이 일본으로 오는 것을 전면 금지하고 포르투갈인을 국외로 추방한 일본정부, 즉 에도막부가 서양과의 교역을 포기한 것은 아니었다. 에도막부는 포르투갈과의 교역을 포기하기에 앞서 이미 거래처를 바꾸었다.

    1600년 네덜란드의 판델하밴 회사의 선박 중 하나인 리푸데호[18]는 일본의 붕고에 표착하였다. 당시의 위정자였던 도쿠가와 이에야스는 그 배에 타고 있던 영국인 윌리엄 아담스를 오사카로 소환해 만난 후, 포르투갈의 반대에도 불구하고 그를 외교고문으로 중용하여 1609년 네덜란드와 통상을 개시하였다(영국과는 1613년). 이로써 이에야스는 자신이 일본의 외교권을 가지고 있다는 것을 선포함과 동시에 포르투갈 및 스페인에 대해 네덜란드와 영국이라는 세력을 맞붙여 경쟁시킴으로써 자신의 힘을 키우려 했다.

일본인은 포르투갈과 스페인을 '남만인'이라고 부른 것과 같이 새로 등장한 네덜란드인과 영국인은 '홍모인(紅毛人)'이라고 불렸다. 홍모인은 중국인이 서양인을 지칭할 때 사용한 이름이었는데, 유럽인의 두발이 밝은 색이라 불화에서 적발귀(赤髪鬼)를 상상하여 붙인 이름이다. 남만인이란 가톨릭을 신앙하는 라틴계를 가리키고 홍모인은 프로테스탄트를 믿는 영국인과 네덜란드인 등을 나타내는 말로 일본은 남만인과 홍모인으로, 무역과 종교에 따라 유럽인을 구분하였던 것이다. 그러나 그럼에도 불구하고 남만인과 홍모인은 혼동되어 사용되었다.

1598년 암스테르담과 로테르담의 상인들은 출자하여 선대를 조직하였고, 동인도와 모르카제도에 도착하여 향료무역에 성공하였다. 그러나 점차 이익이 적어지자 1602년 합동하여 연합네덜란드 동인도회사(VOC, Vereenigde Oost Indische Compnnie)를 설립하였다. 회사라고 하여도 동인도회사는 국가에서 보호해 주는 상태에서 권한을 행사하였다. 즉, 아프리카의 희망봉에서 마젤란해협에 이르는 구간에서 독점적으로 무역을 행하고 군사력을 행사할 수 있는 권한과 대상지의 주권자와 동맹 조약을 맺을 수 있는 권한이 있었고, 통상확보를 위한 요새를 지을 수 있었으며 행정, 사법, 군사 및 화폐주조에 이르는 권한까지 가지고 있었다.

해외진출이 왕실의 독점적 사업이었던 포르투갈이나 스페

인과 달리 동인도회사는 네덜란드 연방정부에 의해 국책회사로 인정되고 무역이윤의 추구를 우선으로 하는 '세계 최초의 주식회사'였으므로 누구나 주주가 될 수 있는 새로운 성격의 것이었다. 정부에 특허료를 지불하고 주주에게 이익배당을 하는 것을 목적으로 하는 동인도회사의 황금시대는 1635년부터 1645년 사이였다.

네덜란드 최대의 시인 요스트 판 본델(Joost van Vondel, 1587~1679)은 1639년 프랑스 왕비 마리 드 메디시스가 암스테르담의 동인도회사를 방문한 것을 기념하는 시를 읊어 네덜란드 무역상의 위업을 다음과 같이 노래했다.

    네덜란드 땅에서 논밭을 개간한 것으로 만족 못하고
    그들은 돛을 달고 지구를 돌아
    태양이 빛나는 머나먼 이상한 나라를 찾아갔다.
    태양신이여! 우리들의 위업을 달성시킬 수 있게 해달라고
기도하면서
    우리 네덜란드야말로 인도땅에 나서 자라는 모든 것을 거
두는 자
    북해의 나라는 그 배에 동해의 수확을 가득 싣는다.
    겨울의 왕은 후추를 가지고 입술을 덥히며 그 이역의 땅에
서
    여름의 더위가 익히고 구운 것에 눈길을 준다
    아라비아는 최상의 향로를 헌상하고

페르시아와 장사를 하고

실크와 면이 우리에게 보내진다.

쟈바의 섬은 우리와 보물을 나누고

중국은 자기(磁器)를 나눈다. 우리들 암스테르담의 아들은

여행을 계속한다.

간디스의 강이 대양으로 흘러가는 그곳에

이익이 우리들을 이끄는 곳, 모든 바다에 모든 연안에

이익을 사랑하는 우리들은 세계의 항구를 찾는다[19]

네덜란드인의 모험의 동기는 '이익을 사랑하는 것'이었다. 네덜란드는 처음에 히라도에 상관(商館)을 세웠다. 당시의 히라도 네덜란드 상관의 기록은 네덜란드 헤이그에 있는 국립문서관에 보존되어 있는데 이것에 의하면 처음에는 흙창고가 딸려 있는 주택 한 채를 빌려 시작하였다가 점차 시설 확대공사가 이뤄졌다고 한다.

1635년 당시 네덜란드 상관장(商館長, 호칭은 카피탄)은 니콜라스 쿠케바켈(Nikolaes Coeckebacker)이었는데 일기에 "나가사키에서는 매일 새로운 일, 즉 돌로 바다를 메워 인공섬을 만드는 일로 분주하였다"[20]라고 기술하고 있다. 부채꼴 모양으로 완성되는 인공성 데지마[出島]는 무역기간 동안 나가사키에 체재하고 계절풍을 이용하여 다시 마카오로 돌아가는 포르투갈 상인이 일본 체재기간 동안 거주할 시설로 지어질 예정이었다. 이것은 포르투갈 상인을 일본사회와 격리시키려는 것을 목적으로 하였

고, 한편으로는 무역을 행하면서 기독교 금교정책을 궁극적으로 완성시키기 위한 시책의 일환으로 계획된 것이었다.

이 인공섬 데지마의 총면적은 3,969평으로 출입구는 북쪽 한 곳뿐이었다. '데지마 바시'라는 다리를 통해서만 출입을 할 수 있는 구속적인 공간이었으니 이 건설을 지켜본 네덜란드의 상급 상무원 프랑소아 카론은 "우리들은 포르투갈인의 숙사, 즉 감옥을 보러갔는데 나가사키만에 위치하고 있고 남쪽은 바다이며 길이는 600피트, 폭은 240피트의 구조물로 주위는 빈틈없이 울타리로 둘러싸이고 그 안에 2열의 가옥과 도로가 있으며, 바다에서 여기를 가기 위해서는 다리를 건너야하고 그들이 카리오트 선에서 상륙할 때와 승선할 때만 지나는 수문이 있다. 그들은 여기에서 한 발자국도 나갈 수 없으며 밤낮없이 감시된다"고 하였다. 이 인공섬은 1636년에 완성되었고 1639년에 포르투갈 상인이 완전히 추방되기 전까지 포르투갈 상인에 의해 사용되었다. 일본의 막부는 외국의 상인을 일본인으로부터 격리수용하고 외출을 제한해 기독교인을 단속하며 그들의 무역을 장악하려는 의도를 가지고 있었던 것이다.

포르투갈인이 일본에서 전면적으로 철수하는 결정적인 이유를 제공한 것은 1637년에 큐슈 시마바라에서 일어난 농민봉기였다. 이는 막부의 기독교 탄압과 그 지역 영주의 압정에 대하여 아마쿠사 시로[天草四郎]를 우두머리로 하여 시마바라의 하라성[原城]에서 일어난 농민반란이었는데 여기에 기독교인을 중심으로 한 3만 명이 결집하였다. 이 사건은 '기독교인은 위험하다'는 인식을 고조시켰고 따라서 그 전까지는 형식적이었던 「기독교 금교령」을 철저히 적용하는 계기가 되었다. 이 농성은 쉽게 제압되지 않았으므로 막부는 12만 명의 군대를 동원하여 겨우 함락시킬 수 있었다.

히라도의 상관장 쿠케바켈은 이 농민봉기가 포르투갈의 무역독점을 타도하는 절호의 기회라고 생각하여 배 1척에 대포를 장착하고 1월 8일 하라성 앞 바다로 나가 철포 128발, 그리고 육지에서 하라성을 향해 298발을 쏘며 포격하였다고 한다. 막부에서는 네덜란드의 도움이 치욕적이라는 의견이 있어 28일에는 이 원조사격에 대하여 중지를 명령하였으나 네덜란드는 해상에서 그리고 육지에서 하라성을 공격함으로써 막부에 '충절'을 보여 기독교를 포교할 의지가 없음을 증명하여 포르투갈 대신 신뢰를 얻었다. 1638년 4월 6일 에도(지금의 도쿄)에서 쿠케바켈이 에도막부에서 중책을 맡고 있는 관리 마키노 노부나리[牧野信成]와 기독교 대책책임자 이노우에를 만났는데 막부의 대표는 다음과 같이 말하였다.

최고각료는 나와 마찬가지로 포르투갈인을 일본에 오지 못하게 하고 그들과의 통교, 무역을 금지하려고 생각하고 있다. 그러나 아직 장군의 최종적인 발표와 결정은 아직 이루어지지 않았고 명령도 나오지 않았다. 당지(나가사키)에서 계속 주의하고 경계하고 있는 것은 매년 일본에 선교사를 데리고 오고 기독교를 포교하는 것을 중지하지 않기 때문이다. 또한 이렇게 된 원인 중의 하나는 아리마아마쿠사의 반란(시마바라의 농민 봉기)과 매년 많은 사람이 선교사 때문에 죽기 때문이다.[21]

또한 그는 쿠케바켈에게 "장군이 포르투갈인과 일본 사이의 통교교역을 단절하고 포르투갈인을 이 나라에서 추방하면 네덜란드인은 직물 및 일본이 필요한 물자를 공급할 수 있는가?" 라고 질문을 하였다. 이들이 걱정하는 것은 포르투갈인을 추방한 뒤의 일본무역의 전망이었던 것이다. 이에 대해 쿠케바켈은 "장군이 우리 배의 출항을 허가하고 무역을 허가한 이래 상품의 공급, 특히 중국상품이 증가한 일을 잘 알고 계실 것입니다. 우리들은 이 다음 계절에도 작년보다 많은 양을 시장에 공급할 것을 보증합니다. 장군이 포르투갈인이 입국하는 것을 금지할 것을 결정하면 포르투갈인이 마카오에서 시장에 공급한 것과 같은 물건을 전부 혹은 일부 보급할 것을 보증하고 단언합니다"라고 답하였다. 실제로 1635년 이후 네덜란드의 대일무역액은 급증하여 포르투갈보다 생사공급량이 많아졌다.

당시 히라도에 있던 네덜란드 상관은 1637년과 1639년에 창고를 서양식으로 크게 지었다고 한다. 그러나 1639년에 지은 창고에 예수탄생과 관련한 서력연호가 써 있다며(Anno Christi 1640) 1640년 11월 9일 장군 이에미츠의 금교령에 의해 이 건물을 파괴하였다. 그 대신 1640년 9월 이노우에[大目付井上]가 히라도의 네덜란드 상관에 가서, 당시 새로 부임한 상관장 맥시밀리언 메일에게 포르투갈상인을 추방한 후 빈 집이 되어 버린 데지마로 이동하도록 명령하였다.

아이러니하게도 포르투갈 대신 '일본국립감옥'에 갇히게 된 것은 네덜란드 상인 자신이었다. 1641년 5월에는 히라도 상관이 나가사키 데지마로 이전하게 되어 이후 나가사키는 네덜란드 동인도회사의 교역거점으로 일본 상관의 소재지가 되었다.

네덜란드인도 포르투갈인이 축적한 수로정보를 이용하여 나가사키로 내항하였다. 네덜란드 상관이란 상관장 이하 상무원 등을 포함한 연합회사의 일본주재원이 상주하여 일본과의 교역활동이나 외교적 절충까지 일상생활을 하는 무역거점으로 기능하는 곳이었다. 이 데지마는 엄중하게 감시되었으며 철저하게 일본인과의 접촉을 차단하였다.

포르투갈 상인의 추방과 네덜란드 상관의 나가사키 이전으로 나가사키의 데지마에 네덜란드 동인도회사가 정착하게 되었다. 에도막부는 이 두 세력을 검토한 결과 이익을 최우선으로 하고 종교에 무심한 네덜란드를 선택한 것이었다.

어쩔 수 없이 데지마에 들어간 1641년 상관장 맥시밀리언 메일은 데지마에 대하여 첫 인상을 다음과 같이 쓰고 있다.

일반적으로 창고는 매우 작고 주거지 사이에 보통 건물로 지어져 화재예방수단이 없음을 발견한 후 우리는 회사의 자본을 이렇게 위험에 방치하는 것에 대하여 슬퍼하였다. 이런 건물 중 주거 7동, 창고 8동을 상관으로서 나눌 수 있어 우리는 그 중 2개의 동을 우리양식으로 개조할 것을 명령하였다.

히라도의 네덜란드 상관건물이 석조로 된 3층 건물이었던 것과 달리 데지마를 실제로 건조한 것은 나가사키의 상인 25인이었으므로 그것은 일본식의 목조건물이었다. 어쩔 수 없이 네덜란드는 은 55관(금 약 916양에 해당)이라는 임대료를 지불하고 입주하였는데, 건조비는 은 200관, 건물포함 300관이었다고 하니 임대료가 상당히 비쌌던 셈이다.

에도막부의 정책은 국외로부터 선교사가 입국하는 것을 차단하고 이국선의 도항지와 교역거점을 한 군데에 집중하여 관리체제를 강화하려는 것이었다. 그런데 네덜란드인들은 계절풍을 이용하여 일본에 오기 때문에 그 거주시기 및 지역이 한정되었으므로 나가사키의 데지마를 관리하는 것은 퍽이나 유리했다. 따라서 일본정부는 네덜란드인의 거주구역을 한정하고 이동을 규제하였으며 일본인과의 접촉을 차단하였는데, 네덜란드인들이 이에 대해 항의를 해도 '기독교금지'가 일본의 국내법임을 상기시키고 이를 준수할 것을 요구하였다.

데지마에 체재하고 있는 네덜란드 동인도회사의 주재원은 상관장 1인, 차석 상관장(헤토르), 창고장과 서기, 하급 상무원, 의사, 조리사, 목수나 대장장이, 흑인노예(대개는 인도네시아인)였으며 통역이 상주하였다. 15명 정도의 네덜란드인이 상시 체류하였고 실제로 이들은 데지마 밖을 나가기 어려웠으며[22] 일본인 앞에서 기독교의 의식을 하여서도 안 되고 성서와 성가집을 보여서도 안 되었으며 일요일을 축하해도 안 된다는 제약을 받았다. 또한 일본체재 중에 배나 육지에서 나팔을 부는 것도 금지하였다. 1775년에 네덜란드 상관의 의사로서 일본에 도착한 쓴베리(Carl Peter Thunberg, 1743~1828)의 기록에 의하면 이들이 일본에 상륙하기 전에 기도서나 성서는 한 상자 속에 넣고 못질을 한 후 그것을 일본인에게 전달하여 그들이 다시 돌아갈 때까지 보관하였다고 하는데, 이는 기독교 관련서적이 일본 국내에 들어오는 것을 막기 위해서였다.

네덜란드 동인도회사는 전성기를 지나고 쇠퇴하였고 네덜란드 역시 실제로는 약소국가에 지나지 않았다. '이익을 사랑'하였던 결과 네덜란드인들은 일본인에게 낮은 자세를 취하여 무릎을 구부리고 엎드리는 것도 서슴지 않았고, 철저한 상업정신에 의해 행동하였다. 비즈니스맨에게는 종교도 지조도 중요하지 않았던 것이다. 그러한 네덜란드에 대해 일본은 그들이 무역만을 위한다고 확신하였고 그 후 온순한 네덜란드 상인을 교섭상대로 삼았다.

매년 데지마에 있는 상관장, 의사, 서기관의 3명은 에도성에 있는 장군에게 경의를 표하기 위해 에도에 갔다. 네덜란드인은 이를 사절로서의 의식으로 생각하고 참부(호푸레이스)라고 불렀고, 에도막부는 이를 조공사절단이라고 생각하고 있었다. 이들은 나가사키를 정월에 떠나 3월에 에도(도쿄)에 도착하였다. 이 시절은 벚꽃이 피는 계절이었다. 마츠오 바쇼(松尾芭蕉, 1644~1694)라는 시인은 네덜란드의 상관장을 주제로 하여

5·7·5의 성형을 가진 하이쿠라는 시를 읊었다.

　　카피탄까지 엎드리게 만든다 장군의 봄은

　일본인의 미의식을 상징하는 봄의 상징[図像]인 벚꽃과 네덜란드 동인도회사는 이질적인 것이었고, 거만한 유럽인을 엎드리게 하는 것도 어울리지 않는 것이었으니, 이 시인은 어울리지 않는 것을 동시에 나타냄으로써 이를 풍자하였던 것이다.

　에도막부는 역설적으로 이 행사를 자신의 지위를 강화하는 데 사용하였고, 네덜란드는 네덜란드대로 내항선박의 허가를 좀 더 많이 받기 위한 실제적인 논의의 기회를 잃고 싶지 않았다. 따라서 이것은 정치적으로는 그다지 큰 의미가 없는 행사였지만 2주일 동안 외교스케줄로 체재하는 덕분에 여러 레벨의 사교와 지적 교류가 가능하였다. 네덜란드인이 일본을 종단하는 길가에서 일본인은 살아있는 서양인을 보는 절호의 기회를 맞이하였다. 일행 중 가장 존경을 받은 사람은 의사였는데, 이들은 많은 것을 알고 있기 때문이었다. 에도에서 이들이 머무는 전용숙소는 나가사키야[長崎屋]였는데 이곳에는 끊임없이 방문자가 찾아왔고, 나가사키의 데지마와 달리 일본인과의 접촉이 이곳에서는 그다지 통제되지 않았다.

　네덜란드를 통하여 얻은 서양지식은 점차 '난학'이라 총칭되는 학문으로 정립되었다. 스기타 겐파쿠(杉田玄白, 1733~1817)는 이 난학의 시조라고 알려진 네덜란드 의학을 전공한 의사이다. 그는 82세 때 『난학의 시작 蘭学事始』이란 제목으로 난학에 관한 회상록을 써서 50년 전의 상황을 되돌아보고 있는데, 이는 일본에서 난학이 학문으로서 등장하는 경위를 알게 해주는 책이다.

우선 그는 난학이 훌륭한 것이라고 생각한다는 전제에서 출발한다. 그가 파악한 서양문화의 시작은 기독교이지만 기독교가 국시에 어긋나는 것인 만큼 이에 대해서는 언급하지 않고 다만 포르투갈의 무역선을 타고 온 의사가 전한 외과의 기술이 일본에 남아 있는데, 이것이 '남만류 외과'라는 것이라 하였다. 즉, 네덜란드만이 기독교와 관련이 없다는 이유로 계속 일본에 오게 되었는데 네덜란드 무역선을 타고 오는 의사도 서양의 외과 기술을 가지고 있어 이들이 전수한 의학을 '네덜란드류 외과'라고 하였다는 것이다. 물론 당시에는 네덜란드의 말과 글을 아는 사람은 네덜란드어 통역을 세습하는 집안의 사람들 정도였고, 그들은 사이드 비즈니스로 남만에서 전한 수술과 약의 처방을 하다가 점차 니시, 요시다, 나라바야시와 같은 통역사 가문의 사람들이 '네덜란드류 외과'로 개업하기에 이르렀다는 것이다.

당시 대대로 의업에 종사하고 있던 스기타 겐파쿠는 나가사키야에 숙박하고 있던 바브르라는 의사를 직접 만나게 되었는데 여기에서 그가 시행하는 사혈(瀉血)이라는 외과 기술을 보게 되었다. 사혈이란 치료의 목적으로 환자의 피를 얼마간 뽑

아내는 것인데 이 정맥의 피를 제거하는 수술을 보니 바브르는 피가 얼마만큼 튈지를 그 거리를 예측하여 그릇을 두었고 스기타겐파쿠는 피가 바로 그곳에 떨어지는 것을 보았다 한다.

　그래서 스기타 겐파쿠는 당시 통역사가 가지고 있었던 의학서를 술 20통과 맞바꾸었는데 그 책의 삽화들이 한의서의 그림과 달리 정밀하였고, 그저 그것을 보는 것만으로도 눈앞이 열리는 것 같은 기분이 들었다고 한다.

　1771년에 네덜란드인의 숙소인 나가사키야에 가니 한 네덜란드인이 『타헤르아나토미아』라는 고가의 인체해부서를 가지고 있어 그것을 스기타 겐파쿠가 소속하고 있는 지방영주의 비용으로 구매하였다고 한다. 그는 또한 1771년 당시의 형장에서 진행된 사체해부에 참여하게 된 것을 계기로 4년에 걸쳐 몇 명의 동지와 함께 번역에 착수하였는데, 변변한 네덜란드어 사전도 없는 이 시기에, 중국서적에는 없는 학

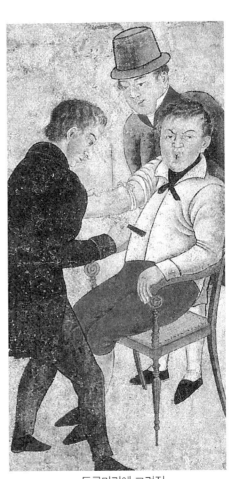

두루마리에 그려진
네덜란드 의사의 외과 수술 모습.

술용어를 일본어로 번역하는 것에 어려움이 있었다고 한다. 지금 우리가 사용하고 있는 '신경' '연골' '십이지장'은 이들이 번역한 새로운 용어로 이때 새로 만들어진 것이다. 이 책은 『해체신서』라는 이름으로 출간되어 본격적인 서양해부학서의 번역본으로 사회적 반향을 일으켰다. 소수의 연구그룹에서 출발한 난학이었지만 1774년 서양의학서의 번역서인 『해체신서』가 출판되자 비로소 그 유용성에 대한 사회적 인식이 생겨난 것이다.[23]

이에 앞서 당시 장군이었던 요시무네는 네덜란드의 통역사들이 헌상한 책 중 어느 도감을 보고, 정밀한 그림상태를 보니 본문을 읽으면 유용할 것이라고 판단하여 기독교와 관련이 없는 서양서적은 해금하고 에도막부에서 네덜란드어를 배우도록 지시하였다고 한다. 난학은 이렇게 에도에서 창시되었고 전차 '난학'이라는 새로운 말로 불리며 일본에서 통용되었다는 것이다.

포르투갈과 스페인의 문물이 생활에서 변혁을 일으킨 것에 비해 네덜란드는 일본인에게 '남만'이나 '홍모'가 아닌 '란'이라고 하는 새로운 가치 기준을 만들게 하였다. '남만'은 애초에 동남아시아의 방향을 지칭하는 것이었으므로 지리적으로도 오류가 있는 명칭이었고, 새로운 문화수준에 맞는 호칭으로 부르려는 의도 하에 '남만'이나 '홍모'라고 불리우던 서양의 문화는 '란'이나 '란인'으로 대치되었는데, 이는 네덜란드는 홀랜드라는 나라 이름을 가지고 있어 일본에서는 오란다(阿蘭陀)라고 불렸기 때문이다. '란'이라는 한자는 미(美)와 지(知)의 꽃을 나타내는 것이었고 '난학'의 '란'은 서양에서 수입된 사상이나 물건에 대한 일본적 해석으로 긍정적인 의미를 갖는 표현이었다. 이제 네덜란드는 유럽전체를 의미하는 메타포가 되었고 이들이 체재하는 나가사키는 비즈니스센터일 뿐만 아니라 서양의 서적과 의학, 식물학, 물리학 및 천문학을 비롯한 서양의 첨단 과학기술이 들어오는 창구가 되었다. 입항하는 네덜란드 선박은 반드시 유럽과 아시아의 최신정보를 적어 에도 부에 제출하도록 의무화하였는데 이는 매년 『네덜란드 풍설서』라고 번역되어 외국으로부터 들어오는 중요한 정보원이 되었고 지식인들 사이에서는 나가사키가 이국적인 지적센터의 이미지를 가지게 되어 '나가사키 유학'이 유행하였다.

통상 일본의 쇄국은 대개 기독교의 금교령이 발령되는 시기부터 시작하여 1630년경 완전히 이루어졌다고 한다. 쇄국이라 함은 대개 세계에서의 고립을 의미하는 것이지만, 사실 일본의 경우에는 쇄국시기에도 네덜란드와 특수한 국제관계를 형성하고 있었던 것이다. 네덜란드를 통해 일본은 유럽의 지적영역을 일본화하여 이해하게 되었다. 네덜란드에 대한 일본인의 관심이 귀결된 '난학'은 네덜란드어학, 의학·천문학·물리학·화학 등의 자연과학, 측량술·포술·제철 등의 기술과 더불어 서양사·세계지리·외국사정 등의 인문과학 등으로 이루어졌지만 그 중심에는 무엇보다도 의학을 중심으로 하는 자연과학이 있었다. 학문으로서의 난학이 시작되는 것은 네덜란드의 해부서가

『해체신서』로 번역되면서 진행되었다. 난학의 성격이 변하기 시작한 것은 아편전쟁(1839~1842)에서 청나라가 패하자 위정자들이 군비 개혁의 필요성을 느끼기 시작하여 군사과학으로 중심이 이행하면서부터였다.

바타비아(인도네시아 자카르타의 옛 이름으로, 당시에는 네덜란드 식민지였다)를 떠난 네덜란드선박은 1-2척으로 계절풍을 따라 대개 6~7월에 나가사키에 입항하였다. 1621년부터 1847년까지 일본으로 온 네덜란드선은 모두 715척이었고 난파한 배는 27척이었다고 한다(그 중 2척이 우리나라에 표착하였다). 10월경에는 다시 바타비아로 돌아갔고 주 무역품은 생사와 설탕이었다. 더군다나 장사란 것에는 개인적으로 형성된 인간관계가 많은 도움이 되는 법이라, 네덜란드인이 감시자와 가까워지고 근방의 여성과 친해지면서 의견교환이 이루어지기 시작하였고 서로의 차이에 대해서 이야기를 나누기도 하였다. 이런 과정에서 서양인에 대한 나가사키 사람들의 의심도 설탕으로 만든 선물로 녹아내리고 포도주로 부드러워졌다.

네덜란드인은 소를 필요로 하였지만 일본에서는 육식이 금지되었으므로 1년에 한 번 바타비아에서 오는 네덜란드선박에 소를 싣고 와 데지마에 있는 가옥 내에서 도살하였다.[24] 반면 돼지고기와 닭고기는 입수하기 쉬웠는데, 이는 중국인의 식재료로 사용되었기 때문에 나가사키주변 농가에서 사육하는 것을 허가하였던 덕분이다. 1858년 시점에 영국영사관의 개설준

비를 위해 나가사키에 온 호지린씨 부인은 서한에서 당시의 서양요리의 사정을 설명하고 있는데 이를 보면 서양음식을 먹는 일이 그다지 만족스러운 일은 아니었나보다. 이 부인은 "나가사키의 땅에는 밀크도 버터도 없습니다. 우리들은 식료용 양을 상하이에서 싣고 와 이를 먹고 지냈습니다. 소고기를 먹기는 어렵습니다. 상하이에서 데려온 중국인이 아침 일찍 나가 9시에 돌아와 새와 생선을 가져왔습니다. 가끔 이 중국요리사가 돼지고기를 가져와 자랑하지만 우리 눈으로 보면 식용이라고 할 수 없는 것이 많습니다"라고 전한다. 이 부인은 "계란만 충분하여 오믈렛을 먹었다"고도 전하며 외국선이 입항하면 소금에 절인 저장육이 들어오므로 이를 이용해 카레로 만들어 먹었다고 한다.[25)]

「당란관회권 唐蘭館絵巻」은 네덜란드 상관에 있던 독일인의사 시볼트가 고용한 일본인 화가 가와하라[川原慶賀]가 그린 그림 두루마리로, 주로 무역의 실황을 그리거나 네덜란드선의 입항 모습 등을 그린 것이다.[26)] 시대적 배경은 대개 1818년에서 1830년인데 이 그림 중에는 바타비아에서 들어온 백색소와 갈색소가 그려져 있고 조리실 그림은 돼지로 보이는 동물을 도살하는 모습을 그리고 있다.

여기에 그려지는 그림의 주제 중 무엇보다도 일본인의 호기심을 자극한 것은 서양인들의 식사풍경이었다. 나가사키의 데지마는 일본인의 출입이 금지되어 있었지만 이국풍의 생활에 대한 호기심을 가지고 있었다. 그림 두루마리는 육필로 그린

가와하라의 「란관회권 蘭館絵巻」 중 조리실 그림에서의 도살 장면.

것이라 대중적으로 보급되지는 않았지만 나가사키에서는 이러
한 이국적인 소재를 전통적인 일본의 목판화(우키요에)의 기법
으로 표현하여 나가사키 방문 선물용으로 다량 제작하여 상품
화하였다. 이 판화그림은 나가사키를 여행할 때 사오는 그림엽
서와 같은 역할을 하는 것이다. 역시 일본인에게 흥미 있는 주
제는 데지마 네덜란드 상관에서의 식사풍경이었다. 육식을 하
지 않는 일본인에게 고기는 부정한 것이고 냄새가 고약한 혐오
식품이었기 때문이다. 다음 그림은 치쿠쥬켄[竹寿軒]출판사가
제작한 『오란다 회합의 식사그림 阿蘭陀人会食の図』이다. 치쿠
쥬켄은 1751년을 중심으로 활약한 출판사이다. '長崎恵比寿町
竹寿軒改板'라고 적혀 있는 것을 보아 출판사를 확인할 수 있
다. 이는 여럿이 둘러앉아 먹는 테이블 요리의 장면을 그린 것

치쿠주켄출판사에서 제작한
『오란다 회합의 식사그림』
의 한 장면.

으로, 5명의 네덜란드인이 의자에 앉아 있고 흑인 하인이 술을
따르고 있으며 다른 흑인은 큰 접시에 담긴 요리를 나르고 있
다. 일본에는 이 시기에 여럿이 둘러앉아 먹는 식사법은 없었
으므로 일본인에게는 신기한 것이었다. 그 옆에는 메이잔이라
하는 식사시간을 알리는 종이 설치되어 있는 것이 보인다. 식
탁에 놓인 요리를 둘러보면 큰 접시에 뿔이 있는 소머리 요리
가 올라와 있는 것이 독특하고, 이를 중심으로 5접시의 요리가
있으며, 네덜란드인은 손에 포크, 나이프, 스푼을 쥐고 있다.

　네덜란드 카피탄인 도흐의 일기에는 "바타비아에서 온 소를
데지마에서 도살하여 나가사키를 관리하는 관료(나가사키는 에
도막부의 직할령이므로 나가사키의 시정을 담당하는 행정관이 나가사키 부
교[長崎奉行]이다. 그 아래에 다이칸[長崎代官]이 있다)에게 일부를 증
정하였더니 맛있다고 먹었다"고 전하며, 이는 "일본인은 소고기
가 약이 된다고 믿었기 때문이다"라고 서술하고 있다. 1788년
11월 나가사키에 유학한 양화가이고 네덜란드 학문을 연구하

는 시바 코간[司馬江漢]은 소고기를 네덜란드어 통역사 이나베 마츠주쥬로[稲部松十郎]의 집에서 처음 먹었다고 전하는데, 그는 그 맛을 이렇게 말한다. "이나베의 집에서 소고기를 먹었다. 맛은 카모(오리고기)와 같았다. 네덜란드인들은 데지마에서 소를 발부터 가죽을 벗기고 고기를 소금에 재운다."[27]

　1년에 한 번 데지마의 네덜란드인은 데지마의 관리를 불러 네덜란드의 양식을 대접하였다. '오란다 정월'이라고 불리는 양력 1월 1일이 데지마에서 매년 정하는 축일이었다. 이날의 메뉴는 대개 통오리구이, 소시지, 디저트로는 카스텔라, 포도주 브랜디가 등장한다고 한다. 이 행사 역시 유명하여 나가사키 판화에 여러 모습으로 등장하였는데, 1818년에 편집된 「장기명승도회 長崎名勝図絵」에는 큰 뚜껑요리, 닭고기, 카마보코, 계란 버섯, 소고기 튀김, 돼지고기 통구이, 소시지, 햄, 연어와 가자미의 보토루(버터)조림, 스프 등이 등장하고 "일본의 콩 비슷한 것을 부셔서 더운물에 끓여 백설탕을 넣고 마신다"라고 쓰여 있는 것으로 보아 커피를 마시고 있었던 것으로 보인다. 네덜란드인의 일기에 의하면 "손님으로 초대된 일본인은 네덜란드요리는 손에 대지 않고 커다란 종이에 담아 문밖으로 나가 기다리고 있는 부하에게 그 요리를 전달한 후 일본식 요리를 먹고 돌아갔다. 이는 당시의 네덜란드 요리가 병에 좋은 약이 된다고 여겨 자택으로 요리를 보낸 것이었다. 특히 보토루(버터)는 천하의 양약으로 여겨졌다"고 적혀있다. 시볼트가 쓴 나가사키의 일기에도 카스텔라와 보토루에 관한 이야기가 나오는데

"내가 가지고 있던 보토루는 저장법이 나빠 짜고 악취가 났는데 나를 방문한 일본인의 신사들은 카스텔라 위에 발라 네덜란드의 맛이 난다고 즐거이 먹었다"고 전한다. 시볼트는 일본인이 서양식사를 동경한다고 생각하였는데, 당시 버터는 폐병의 특효약이라고 여겨졌다고 한다.

나가사키에는 지금 싯보쿠 요리[卓袱料理]라는 고유의 요리가 있는데, 메뉴는 중국의 영향을 받았지만 큰 접시에 담아 하나의 테이블에 놓는 요리이다. 네덜란드 통역사에 의하면 싯보쿠는 포르투갈어이고 이를 네덜란드어로 하면 테이블이라는 뜻의 '타흐루'이다.[28] 테이블에서 여럿이 둘러 앉아 먹는 식사법은 일본에 없는 것이었고 나가사키에서 유행하기 시작하여 에도까지 퍼졌다고 한다.

네덜란드의 데지마에는 네덜란드에서 온 요리사와 일본인 요리사가 있었다. 이 요리사는 데지마 쿠즈네리[出島くずねり]라 불렸는데 이들이 후에 일본에서 서양요리가 보급되는 데 일조하게 된다.

데지마의 네덜란드인은 빵을 굽는 것을 허가해달라고 신청하기도 했지만, 데지마의 부엌에서 빵이 구워지는 일은 없었다. 대신 나가사키의 마을에서 구워진 빵이 데지마로 날라졌다. 당시 나가사키의 부교는 빵가게 한 곳만을 남겨 빵을 굽게 하고 일본인에게 파는 것을 금지하였다. "네덜란드인은 빵을 항상 먹는다. 나가사키에서 이를 파는 자가 있는데 이를 빵가게라고 하고, 네덜란드인은 이 빵가게에서 빵을 사서 먹는다. 빵가게의 연중의 이익은 200량 정도라고 한다"[29] "네덜란드인은 빵 위에 소, 양의 젖, 버터를 발라 먹는다" "나가사키의 빵가게는 데지마에 가까운 곳에 있었다. 일본인에게 빵을 파는 것은 금지되어 있었는데 빵의 냄비에 붙은 껍질을 코로인이라고 하고 어린아이가 음식을 안먹을 때 얼굴 등에 바르면 좋다" 등과 같이 빵과 관련된 소문들도 퍼졌다.

단팥빵의 탄생

빵, 군용식량으로 개발되다

쌀밥을 상식하는 일본인에게 빵을 주식으로 하는 것은 상상하기 어려웠기 때문에 빵은 일본에서 쉽게 보급되지 않았다. 1842년 이즈[伊豆]의 니라야마[韮山]의 관리 에가와 단안[江川担庵]은 페리제독이 내항하게 될 에도만 주변을 경비하는 책임을 맡고 있었다. 서양의 대포술을 배우고 막부에서 서양식 철포담당의 관리가 된 그는 니라야마에서 철포를 주조하기 위하여 천장의 반사열을 이용하여 원료를 녹이는 형식의 용광로를 만들었다. 그리고 그는 동시에 병량식에도 관심을 가지기 시작하여 쌀밥도시락 대신 병량빵을 개발하려 했다. 그는 데지마에서 서양요리를 만든 경험이 있는 사쿠타로[作太郞]에게 빵을 만드는 법을 배우고 있었다. 가벼워서 운반하기 편리하다는 점, 휴대하기 쉽고 보존이 잘된다는 점, 전쟁터에서 끓여야 하는 번거로움이 없어 연기가 안 나고 걸어가면서도 먹기 좋다는 등의 장점 때문에 빵을 군대에 도입하는 것이 좋다고 생각한 것이다. 이로 인해 그는 일본에서 '빵의 아버지'라고 불리게 되었다.

일본 해군은 1872년 병량식으로 빵을 채용하였다. 육군은 일본의 후게츠도[風月堂]라는 서양과자점에서 군용빵을 제조하였고 1877년에는 2번 구운 빵을 일본의 국내전쟁에서 사용하였다. 이것이 곧 수분이 적은 건빵이다. 빵은 쌀밥처럼 비타민이 부족해 각기병에 걸리지 않았으므로 점차 좋은 평가를 받았다. 그러던 중 1894년 청일전쟁이 일어나자 요코하마의 가게에는 군용 비스킷의 주문이 들어가고, 1904년 러일전쟁 때에는 요코하마와 도쿄의 업자들이 군용빵을 납품하기 위해 가나가와현[神奈川県]에서 식빵제조조합을 발족하기도 하였다. 이때 빵에 찹쌀을 넣거나 깨를 뿌리거나 하여 주먹밥과 같은 이미지를 만들었는데 이는 7년 반의 보존을 목표로 한 것이었다. 1921년에는 별사탕을 건빵과 같이 넣어 시베리아에서 실험한 결과 호평을 받았는데, 이것이 건빵과 별사탕의 조합이다.

일본에서 빵이 군용식량으로 개발된 것은 전쟁이라고 하는 시대적인 영향이 농후하게 반영되었기 때문이다. 그러나 빵을 주식으로 하는 것에 대해서는 그 후로도 일본인들의 거부감이

지속되었다. 일본에서 주식으로 빵이 보급된 것은 1954년에 학교급식법이 제정되면서 미국에서 원조를 받은 밀가루로 만들어진 빵이 보급되면서였다.

사실 일본에서는 주식으로서의 빵이 아니라 조미빵, 과자빵이 주류가 되었다. 이바라기현[茨城懸]의 기무라 야스베[木村安兵衛]는 메이지유신에 의해 일괄 실직하게 된 무사였다. 그는 직업훈련소에서 나가사키의 네덜란드 요리사로 빵을 구운 경험이 있는 우매키치를 만나게 되고, 50세에 빵을 만들 것을 결심하였다. 그 당시 빵은 맥주효모를 사용한 호프를 이용하는 것이었는데 호프를 입수하기가 어려워 술로 인한 발효를 선택하였다. 여러 번의 시행착오를 거친 기무라 야스베는 술과 효모를 사용해 그간 일본인의 거부감의 대상이었던 이스트 냄새를 제거하고 서민의 과자에 사용되는 단팥을 넣어 구울 생각을 하였다. 다시 말해 서양의 빵과 동양의 팥을 접목시킨 것이다. 쌀밥에 집착하는 일본인에게 빵은 간식으로서 성공하였고 기무라는 '빵과자의 아버지'가 되었다. 그는 긴자에 가게를 내고 6년간의 시행착오를 거친 제품을 판매했다(이 가게는 '기무라야'라는 이름으로 긴자에서 영업 중이다). 떡과 같이 찌는 것이 아니라 빵과 같이 구운 술과 효모를 사용해 밀가루로 만든 단팥빵은 독특한 풍미로 대단한 인기를 얻었다.

이러한 단팥빵에 창조적인 일본정신을 부여하는 계기가 된 것은 메이지천황이었다. 에도막부 말기의 검술가인 야마오카 데츠슈[山岡鉄舟]의 소개로 1875년 벚꽃의 명소 도쿄 무코지마로 벚꽃구경을 간 메이지천황의 식사에 이 단팥빵을 헌상하게 된 기무라는 좀 더 색다르고 독특한 아이디어를 생각해냈다. 그는 나라[奈良]지방에 있는 벚꽃의 명산지 요시노산에서 벚꽃 꽃잎을 가져와 소금에 절여 이 단팥빵의 가운데에 박았다. 일본에서는 보통 배꼽이라고 불리는데 단팥빵이 가운데가 움푹 들어간 모양을 하고 있는 것은 이때문이다. 일본의 국화인 사쿠라를 벚꽃 꽃잎의 소금 절임으로 가운데에 넣기 시작하면서 이 빵은 문명개화, 일본의 근대화 그리고 내셔널리즘의 심벌이 되었다.

그는 히로메라는 악단을 이용한 독특한 선전도 하였다. 이들은 빨간 웃옷에 검은 바지를 입고 북을 두드리면서 "빵, 빵, 기무라야의 빵"이라고 박자를 맞추면서 "기무라야의 빵은 문명개화의 맛이 나면서 수명을 늘려주는 것"이라고 노래를 부르며 거리를 누볐다. 텔레비전이 없는 시대에 이는 대단한 화제가 되었다. 이는 일본 연극 가부키의 흥행에도 풍자되어 등장하였고 일본의 개화의 상징이 되었다.

1904년에 이러한 기무라야의 단팥빵에 대항하는 나카무라라는 사람은 프랑스의 커스터드 크림을 넣은 크림빵을 만들었다. 이는 슈크림에서 온 발상이었는데 크림이 새지 않게 글러브 모양으로 크림을 싸안았으며 타원형으로 생긴 빵이었다. 모양은 동그란 모양의 단팥빵에 대항하는 의도가 담겨 있었다(지금 단팥빵과 크림빵은 우리나라에서도 같은 모양으로 만들어진다). 외국인이 거주하는 요코하마에서는 주식이 되는 영국빵이 많이 팔렸

단팥빵을 선전하는 히로메야와 이를 연극에 도입하여 화제가 된 1887년의 카키가라마치 나가시마극장의 정월흥행연극을 판화로 만든 선전용 팜플렛. 서양과자라고 쓴 동그란 북이 보인다.

는데, 여기에서는 단팥빵이나 크림빵과 같은 과자빵에 식빵이라는 이름이 붙어 주식의 이미지를 가지게 되었다.

그런데 우리나라에는, 요즈음에는 소보로빵이라고도 하지만 곰보빵이라고도 불리는 빵이 있다. 이 빵은 일본의 또 다른 조미빵인 멜론빵과 대단히 비슷해 보인다. 서양요리사인 무라카미[村上信夫]에 의하면 일본의 멜론빵은 프랑스의 가렛(Petit pain galette)이라는 빵이 원형이라고 한다. 멜론빵은 직경 7센티미터 정도의 동그란 모양이고 1934년에 제조되었다고 하는데 곧 서민의 간식이 되어 동네 빵가게에서 흔히 팔리게 되었다. 그보다 먼저 기무라야[木村屋]의 미요카와[美代川菊次]가 비스킷과 롤빵의 기지를 합체시킨 과자빵을 특허로 신청해 1931년 실용신안 934호를 취득하였다고도 한다. 도쿄를 중심으로 하는 관동지방에서는 멜론빵이라고 하고 오사카를 중심으로 하는 관서지방에서는 선라이즈라고도 불린다. 일본에서 멜론빵으

로 불리는 이유는 멜론이 들어가서 그런 것이 아니라 표면의
바삭한 비스킷이 머스크멜론처럼 우둘투둘한 모양이라서 붙여
진 이름으로 보인다.

육식, 문명개화의 상징

네덜란드는 일본에서 오랫동안 서양문화의 상징이었다. 오랜 기간 육식을 하지 않았던 일본인은 육식을 하는 서양인을 기이한 시선으로 바라보았지만 미국의 페리함대가 들어와 일본이 항구를 개방하는 개국을 하면서 식생활에 혁명적인 변화가 일어났다. 일본인의 식생활은 1868년의 메이지유신 전후에 서구식 식생활을 본격적으로 도입하면서 크게 바뀌었다.

이 서구식 식생활의 도입은 의도적인 것이었다. 근대화 과정에서 서양인과의 현저한 체력차를 인식한 일본 메이지정부와 지식인들은 일본이 부국강병을 하기 위해선 무엇보다도 「육식금지령」을 해금하여 체질을 향상시키고 일본인의 체력적인 열등감을 불식시킬 필요가 있다고 생각하였고, 따라서 서양요리를 보급하는 것이 급선무라고 생각하기에 이르렀다.

문명과 개화라는 말 역시 중국의 고전에서 차용한 말이지만 이를 영어의 'civilization'의 번역어로 사용한 것은 후쿠자와 유키치(福沢諭吉, 1835~1901)였다.[30] 문명개화는 시대의 진보를 가리키는 상징적인 유행어가 되었고, 서양추종의 분위기를 나타내는 말로도 받아들여졌으며, 서양을 모델로 하여 근대화하려는 낙천적인 기대를 상징하는 말이기도 하였다. 메이지 중기에는 이에 대한 비판으로 내셔널리즘이 형성되기에 이르지만, 당시의 이 표현은 메이지시대 초기의 세상 분위기를 보여주는 형용사라 할 수 있다. 어찌 되었든 문명개화는 구시대의 낡음과 새로운 시대의 신기함이 조화를 이루고 여러 양상이 투영되어 근대 일본을 이루는 슬로건이었다.

이 시기를 교과서적으로 설명하면 으레 생활문화에 대한 설명이 이어진다. 양복, 양식 건물, 양식, 인력거, 가스등, 램프, 회중시계, 우산, 소고기, 우유, 빵 등은 모두 이 시기에 새로이 도입된 것이다. 서양요리가 가정에 등장하고 철도와 증기차는 문명개화의 중요한 상징으로 자리매김하였다. 이미 에도시대는 나가사키를 통해 서양문물에 대한 감수성이 준비되어 있었기 때문에 그것들을 소화하는 것은 쉬운 일이었고 그에 대한 거부감도 없었다. 이 시기 문명개화의 특징은 '상류사회의 사치가 아니라 서민 생활의 변화'라는 것이었다. 문명개화에 의한 생활의 변화가 서민층에 침투하였기에 서양문화는 국민문화의 일단으로 인식되었고 '문명개화의 양상=메이지 문화의 발상'이라는 인상을 가지게 되었다.

 "문명개화가 되어 우리까지 소고기를 먹게 되니 좋다"는 것이 당시 문명개화를 겪는 서민들의 마음이었고 당시 문명개화가 지향하는 바였다. "그 쪽(서양)에서는 모두 합리적으로 생각하는 나라니 증기기관으로 배나 차를 만든 것은 놀랍다"라는 말은 '리(利)' 즉, 과학성 및 합리성에의 신뢰감이 서민층에 침투한 증거이다. 이러한 합리사상은 문명개화 선전출판물에서 공통적으로 나타났다. "육식이 부정 타는 것이 아닌 도리" "세상에 기괴한 일이 결코 없는 도리"[31]라는 표현은 민간의 낡은 사상을 타파하려는 것이었다. 오래된 습관도 도리에 맞는지 여부에 따라 의미를 부여했는데 예를 들면 요리점이 문 입구에 소금을 뿌리는 것은 재수와 관련이 있어 미신적인 것이지만 실제로 의도하는 것은 청결에 도움이 되고자 하는 것이니까 합리적으로 괜찮다는 식의 사고방식이었다.

 이 시기를 지탱한 것은 최초의 근대사상인 계몽사상으로, 서양근대시민사회의 이념형을 상정하여 비교함으로써 진행되었고, 정부를 옹호하며 민중을 우매시하였다. 물론 우민관이라고 하여도 민중을 예속적 존재로 설정하는 것이 아니라 민중의 에너지가 사회발전의 원동력이라는 인식이 있어 민중적 에너지를 문명질서로 조직한다는 것이 과제였다. 정부는 중앙집권제, 산업부흥 및 국민교화를 추진하고 부국강병을 달성하는 것이 그 목표였다. 「왕정복고령」에서 일본 천황의 권위를 일본신화에서 등장하는 최초의 천황인 '진무[神武]의 창업'으로 강조한 것은 에도막부시대의 장군의 권위를 초월하는 정통성을 주장하기 위한 것이며 아마테라스 오미카미[天照大神]와의 연속성을 강조하는 것은 민간의 전통적 신앙을 찬탈하여 국신(神國), 국토의 소유자, 윤리의 창출자, 종교의 주재자로서 정통성을 주장하기 위한 것이었다. 그리고 '인민의 도탄과 고통'을 구하는 해방자로서, 덕이 있는 군주 및 자비로운 가부장으로서, '만국에 적대'하여 '황위'를 확장하는 권위의 보유자로서, 그리고 서양문명섭취를 추진하는 개명군주로서 천황을 선양(宣揚)하였다. 이렇게 지배권력이 스스로 정통성과 권위를 직접 호소한 것은 기성의 정치적 권위를 배제하고 초월적인 권위를 세우기 위한 것이었다.

일본인들이 오랜 기간 동안 고기는 먹지 않았지만, 섬나라였기 때문에 물고기가 풍부하였고 주 단백질원은 생선이나 조류였다. 덴무천황(天武天皇, 재위 673~686)이 675년 「육식금지령」을 내린 이래 불교에 근거하여 귀족계급부터 시작한 상층계층의 식탁에서는 육식이 사라지고 농민이 필요에 따라 산야의 금수를 잡아먹을 뿐이었다. 일본이 육식을 금지한 기간은 자그마치 1,200년간이었다. 소, 말, 개, 닭, 원숭이는 농경에 필요한 노동력이기도 하였고 살생 자체를 죄악으로 생각하는 불교의 교리와 '피와 죽음'의 부정(不淨)을 기피하는 신도의 관념에 의하여 육식은 금지되고 유지되었다. 계란조차도 역시 기피의 대상이었지만 남만무역의 영향으로 차츰 먹게 되었다는 이야기는 이미 앞에서 언급한 바 있다.

1800년대에 도쿄에서 오사카까지의 여행을 소재로 한 소설 『도카이도츄히자쿠리게 東海道中膝栗毛』에 소고기를 먹고 소 귀신이 되어버린 귀신이 나타나는 것으로 보아 소를 먹는 일이 전혀 없던 것은 아니었으나 소를 먹는 것에 대한 혐오감, 터부가 깊이 자리 잡고 있었던 것으로 보인다.

　「신불분리령」이 1868년에 공포되어 육식은 해금되었다. 메이지정부는 외교 정책상 서구요리를 궁중의 정식요리로 채택하고 천황의 식사에도 소고기나 돼지고기, 양고기를 도입하려고 하였다. 1871년 12월 17일 「육식(肉食)의 공진(供進)」을 발표해 "원래 승려의 규칙이었던 육식을 금지하는 것을 궁중에서도 받아들여 지금에 이르렀는데, 이제 이를 해금하여 고기를 사용하기로 한다. 이제 소고기, 돼지고기, 사슴, 멧돼지, 토끼고기를 가끔 소량 식사에 올린다"[32]는 계획을 하고 있다. 『신문잡지 新聞雜誌』라는 신문의 기사에 의하면 메이지천황이 처음으로 메이지 신정부의 육식을 장려하는 방침에 따라 육식의 금기를 깨고 육식을 한 것은 1872년(메이지5년) 1월 24일의 일이었다고 한다. "일본에서는 중고 이래 육식을 금하였는데 황공하게도 천황이 앞으로 육식을 하신다고 궁중에서 정하였다고 한다"라는 기사가 실렸다. 21세가 된 메이지천황은 궁중의 학문소에서 당시의 대신이나 참의를 초청하여 서양요리 만찬을 베풀었다. 회고담에는 메이지천황이 이날 "육식은 영양보다 외국인과의 교제에 필요하다"고 한 말이 나오는데 당시의 정치가 오쿠보 도시미치에게 이르는 말이었던[33] 것으로 보아 천황은 육식을 외교

정책의 일환으로 생각한 것으로 보인다. 메이지유신 이후 천황은 외국사신과 만나는 자리에서 문명국으로 보이도록 단발하고 양장을 하였으며 만찬도 프랑스요리로 바꾸었고, 신정부의 지도자들은 천황에게 육식의 모범을 보이게 하여 일본의 근대화를 추진하려고 하였다. 메이지천황이 전례를 파괴하고 금기화 되었던 고기를 식용한 것이 알려지면서 국민의 생활에 절대한 영향을 미쳤다. 즉, 공인된 육식허용은 문명개화의 상징으로 받아들여졌고, 그 도입에 자극을 준 것은 '자양(滋養)이라는 개념'[34]이었다.

무엇보다 육식의 보급에 공헌한 것은 당시의 지식인의 육식의 계몽이었다. 식습관을 변화시키기 위해 '실질적인 영양과 위생'이 강조되었는데, 일례로 후쿠자와 유키치는 "고기는 약인데 이를 먹지 않아 허약하다면 이는 국가의 손실이다. 허약한 것은 체질이라고 하여 약을 먹지 않는다면 이는 현명한 일인가?"라고 자문하고 있는데 이는 육식과 영양과의 관계를 강조한 것이라고 할 수 있다.

가나가키 로분(仮名垣魯文, 1829~1894)은 1871년 출판한 『아구라나베 牛店雑談安愚楽鍋』(1871~1872 간행)에서 육식을 장려하고 있다. 책상다리로 앉아 규나베(소고기 전골요리)를 마주한다는 의미의 제목이다. 메이지 초기에는 아직은 신기한 규나베를 둘러싸고 앉은 서민생활을 스케치하기도 하였다. 문명개화의 세상과 새로운 시대를 모색하는 취향의 이 책에서 그는 "사농공상, 남녀노소, 어리석거나 현명하거나 모두 규나베을 먹지 않는 것은 개화가 덜 된 녀석"이라고 하여 문명개화의 상징은 소고기를 먹는 것이라고 강조한다.

　제일 먼저 일본에서 소고기를 먹은 것은 요코하마 거류지의 외국인이었다. 외국인들은 근처 농가에서 소를 구입하려고 하였으나 농민들은 소를 식용으로 판매하지 않아 중국이나 한국, 미국에서 사들이고 있었다. 그러나 점차 공급이 달리자 고베에서 요코하마로 수송하도록 가축상에 의뢰하였다. 나카가와 카헤이라는 인물은 도살장을 만들고 곧 '나카가와야'라는 소고기 요리점을 열었고, 도쿄에서는 점차 규나베가게가 늘어나기 시작하였다. 소고기를 먹어보니 맛이 있고 영양이 풍부하더라는 소문이 나자 오랜 기간 시행되었던 육식금지가 완화되고 소고기 전골가게는 번창하였다.

　기존에 일본인은 오랜 기간의 터부의식과 낯선 요리법 때문에 소고기를 쉽게 먹을 수 없었는데, 일본인에게는 소고기에서 나는 냄새가 매우 낯설고 고약하게 느껴졌기 때문이기도 했다. 육식권장을 위해서는 소고기에 낯익은 조미료를 첨가해 요리하는 것이 급선무였다. 이때 현재의 샤브샤브와 같은 조리법이 개발된다. 『로문신보 魯文新報』에 실린 야오야 하치베[八百屋八兵衛]의 「빈우론 牝牛論」을 살펴보면 아래와 같다.[35]

　　파를 잘라 넣고 된장을 넣은 다음 냄비를 덮히고 산초를 넣어 냄새를 없앤다. 이후 얇게 썬 육편을 넣는데 너무 센 불로 하면 탈 우려가 있으므로 반숙이 된 육편이 아직 붉은 빛이 남아 있을 때, 파가 매운 맛을 아주 잃기 전에 한번 맛을 본 사람이라면 "아아! 소고기의 맛이 이렇게도 좋은 것인가!" 하고 외치지 않을 자가 거의 없다.

가나가키 로분이 쓴 『아구라나베』는 저렴한 소고기 전골가게를 무대로 소고기의 맛과 효능을 설명하고 있다. 여기에 등장하는 인물은 한량, 창기, 서생, 인력거 차부 등 격식에 얽매이지 않는 계층의 인물들이다. 싸구려 회중시계에 금도금을 한 줄을 달고 아로마의 일종인 오데콜론의 향기를 피우는 겉멋 들은 남자는 "이렇게 맛있고 영양있는 소고기를 미신 때문에 여태 먹지 않았다니!"라고 흥분한다. 이어 『아구라나베』에는 "소고기는 최고의 맛이에요. 이 고기를 한번 먹으면 멧돼지나 사슴고기는 못 먹이요. 이런 청결한 것을 지금까지 먹지 않았다니!" "이제 우리나라도 문명개화가 되어서 소고기를 먹게 되었다니 다행이네요. 야만의 풍습이라니, 육식을 하면 신불에 합장할 수가 없다느니, 부정 탄다느니, 그런 촌스러운 말은 과학을 알지 못하니까 그런 거예요. 후쿠지와씨의 『육식의 설』이라도 읽히고 싶네요" 등등의 실감나는 표현이 여기저기에 배어 있다.

요코하마에 있었을 때 이진칸[異人館]에서 소고기를 먹기 시작하니, 여기 돌아와서도 3일에 한 번 먹지 않으면 왠지 몸이 좋지 않아요. 여기 고기도 그런대로 괜찮지만 요코하마처럼

당근과 같이 끓여 낸 것을 먹으면 이렇게 맛있는 것은 없다는
생각이 들더군요.

책상다리로 냄비에 둘러 앉아 전골을 마주하며 이렇게 이야
기하는 개방적인 분위기는 서민의 문명개화를 상징한다.

『아구라나베』의 삽화를 보면 소고기 전골가게에서 손님이
먹고 있는데 여기에 등장하는 소고기 전골은 1인분을 끓여낸
것이다. 다시 말해 서양요리와 달리 여럿이 식탁을 둘러앉는 것
이 아니라 한 사람마다 따로 상을 차리는, 극히 일본적인 식사
법으로 소고기를 먹는 것이다. 된장이나 간장, 산초, 파와 같이
요리하는 조리법과 1인당 하나의 밥상을 받는 식사법으로 소
고기 전골은 급속히 보급되었다.

당시 서양요리 전문점의 가격보다 규나베가게의 가격은 5분
의 1정도였으므로 규나베가게는 1876년에는 100점을 넘었고
2년 후에는 558점이 되는 등 성황을 이루었다고 한다.[36] 당시
는 소고기 전골가게도 등급이 있어 깃발을 펄럭이는 것은 고
급이고 호롱을 밝히는 것은 중급이며 창호지를 간판으로 쓰는
것은 저급이어 이에 따라 등급을 매기기도 하였다(1887년에는
이러한 깃발은 사라진다)고도 한다.

일본이 개국되기 이전에 서양요리를 먹을 수 있었던 사람은
데지마에 들어갈 수 있는 소수의 사람들이었다. 이후 요코하마
나 나가사키의 외국인 거류지에 생긴 호텔에서 먹을 수 있었다.
점차 서양요리도 수요가 늘어 서양요리점이 늘어났지만 소고

기 전골가게의 증가세를 따라오지는 못했다. 오오노[大野谷蔵]가 개업한 '카이요테이[開陽亭]'에서 소개하는 서양요리집의 풍경을 살펴보면 스프를 마시려다 흘리고 고기를 나이프로 자르려다가 입술을 잘라 피가 나는 상황도 연출됐다. 서양의 식사법도 알지 못하는 일본인들에게 서민적인 분위기의 규나베가게는 친근하게 다가왔고 소고기를 접할 수 있는 보다 친숙한 방법이었다.

핫도리라는 사람은 글을 통해 백이숙제의 예를 들면서 달콤한 소고기를 먹어야 한다고 강조하고 있다.

소고기는 개화의 약, 문명의 약이다. 정신을 함양하고 위장을 건강하게 하고 혈맥을 돕고 가죽과 살을 살찌게 한다. 좋은 약인데도 입에 달고 적합하다. 백 첩의 쓴 약을 마시는 것보다 한 냄비의 달콤한 고기를 먹는 것이 좋다. 한 젓갈의 고기로 노인은 한 마디만큼 수명을 연장하고 한 냄비의 고기로 서생은 아침의 공복을 채울 수 있다. 먹어야지. 먹어야지. 만약 흰쌀밥을 못 먹는다 해도 고기를 먹어 백년의 묘령을 지켜야지. 수양산의 백이숙제처럼 고사리만 먹고 죽는다니 안타깝다. 양생, 양생, 나는 다랑어의 회를 먹지 않아도 냄비를 사서 한 조각 고기를 먹겠다. 공자처럼 진나라와 제나라의 국경에서 식량이 떨어진다는 것도 촌스럽다.

그리고 그는 "고기가게가 생긴 것은 최근의 일이지만 그 수는 이제 셀 수 없을 정도다. 뱀장어를 압도하고 멧돼지를 능가하여 이제 간판이 없는 곳은 없다. 고기의 유행은 기차를 타고 뉴스를 전하는 것보다 빠르다"고 하며 이 시기에 규나베를 파는 서민적인 가게가 대폭 늘어났다는 사실을 알린다. 그리고 소에게 부드럽게 말한다. 이쯤 되면 소에 대한 훌륭한 진혼가라 할 수 있겠다.

너 소야 너는 느린 성질인데 빠른 사람을 먹여 살린다. 네가 만약 사람을 먹여 살리지 않는다면 이 나라에 문명은 없다. 나라에 문명이 없으면 개화는 없다. 그러니 개화의 덕은 너에서 나온다고 말해도 좋다. 그러므로 나는 너를 사랑한다. 쌀을 살 돈으로 너를 초대한다. 한 근의 고기를 살 능력이 없어도 너를 생각하고 침을 흘리지 않는 날은 없다. 잘 때는 너의 꿈을 꾸고 눈을 뜨고는 너를 생각한다. 배가 고프면 너를 만나고 먹어도 너에게 질리는 일은 없다. 나와 너의 교제는 실로 깊은 것이다. 따라서 나는 너를 내 배 안에 묻고 오랫동안 너의 묘로 삼겠다. 찌꺼기는 비록 화장실에 흘릴지라도 너의 혼은 내 배에 자리 잡는다. 너의 혼에 혹시 영험한 힘이 있다면 나의 어리석음을 양질의 지식으로 바꾸고 한 달에 얼마만이라도 이득을 보게 해다오. 3년 동안 먹었는데 아직 관직도 얻지 못했고 돈도 모이지 않았다. 너는 단명을 한탄하여서는 안 된다. 살신성인이란 너를 말하는 것이다. 죽어서 이익을 준다면 어찌 이 세상에 원한이 있겠는가. 네가 늙어 찌꺼기 속에서 죽는 것보다 냄비에 들어가서 성불하는 것이 좋다. 최근에 듣기로 너는 가끔 미인의 입에도 들어간다는데 이야말로 극락정토의 왕생이다. 어느 때는 영웅의 배에 묻히고 어느 때는 미인의 장 속에 들어간다. 이것 또한 인연이 아니겠는가. 도로에서 죽어 허무하게 썩는다면 이런 장례를 할 수 있겠는가. 소여 너는 울어서는 안 된다. 한탄하여서도 안 된다. 나는 아무리 애써도 장관이 되지 않고 지갑을 아무리 열어 보아도 미인의 손을 만질 수는 없다. 너는 죽은 고기인 주제에 살아있는 나보다 훨씬 재수 좋지 않은가.[37)]

돈가스의 부활

일본에서 육식이 해금되는 1872년부터 60년쯤 지난 1929년에 돈가스가 출현한 시기이다. 모리시마 츄료[森島中良]가 쓴 『홍모잡화 紅毛雜話』에는 '네덜란드인의 요리메뉴'로 닭고기를 종이에 싸서 구운 코트레트(커틀릿)가 등장한다. 1872년 가나가키 로분이 쓴 『서양요리통 西洋料理通』이라는 책은 요코하마에 거류하는 영국인이 일본인에게 요리를 지시하는 과정에서 가나가키가 영국인의 메모를 손에 넣어 이를 근거로 쓴 것이다. 이는 서양요리의 원점이라고 할 만한 지침서인데 여기에서 '호-르 코트레트'를 만드는 법을 소개하고 있다. 이는 "돼지고기의 갈비살의 기름을 제거하고 양파를 썰어 버터를 냄비속에 넣고 이를 갈색이 되도록 구워 여러 가지를 넣고 조린 요리"인데 '호-르 코트레트'를 만드는 법을 소개하고 있다. '호-르 코트레트'는 지금으로 말하면 '포크 소테'라는 음식이다. '소테'란 소량의 기름으로 익히는 조리법을 말하는데, 버터구이나 오일구이 혹은 볶음이라고 하면 더 알기 쉽다. '소테'에는 춤춘다는 뜻도 있다고 하는데, 재료가 타지 않도록 냄비를 춤추게 하여 흔들면서 가열한다는 의미에서 붙여진 이름이라 한다.

소테 요리의 고기는 뼈가 있는 부위를 얇게 썬 것이고, 기름은 버터를 주로 사용하며 볶음에 가까운 요리법이라 포크 커틀릿에 가까운 것이다. 프랑스어로는 커트레트(ctelette), 영어로는 커틀릿(cutlet)이라 하는 이 요리는 얇은 고기를 구운 것을 지칭하는데, 원래는 고기에 소금, 후추를 뿌리고 밀가루와 계란 노른자, 빵가루를 입혀 버터로 양면을 갈색으로 굽는 요리이다. 이제 겨우 일본의 서민들은 소고기 전골(규나베, 스키야키)에 익숙해진 단계였으므로 이런 요리가 일본인에게는 낯선 것이었다.

돼지고기는 『일본서기』 중 인덕천황과 천지천황의 시기에 기술이 있지만 점차 사육하지 않았고 에도시대 초기에 중국을 거쳐 오키나와를 통해 큐슈의 사쓰마에 전해져 남만요리나 나가사키요리에서 사용되었다. 메이지유신 이후 1869년에 종자돼지를 중국에서 들여와 양돈을 장려하였으나 소고기와 비교해 볼 때 문명개화의 감각에 맞지 않았다. 그럼에도 점차 수요가 늘어나자 1900년 미국이나 영국의 종자돼지(버크셔, 요크셔 등)를 메이지정부 농상무성이 수입하였다.

1895년 긴자에 있는 렌가테이[煉瓦亭]는 새로운 메뉴로 포크 커트레트를 시작하였다. 주인은 기다 모토지로[木田元次郎]이다. 본래 팬에 구웠다가 오븐에 집어넣는 코트레트의 방식이 아니라 일본의 덴푸라, 즉 한꺼번에 튀기면 빨리 만들 수 있겠다고 생각한 그는 튀김요리처럼 기름으로 튀기면 어떨까 생각하였다. 고기를 기름에 튀겨 일본화한 그는 양배추를 썰어 놓으면 시간도 절약되고 인건비도 절약되며 맛도 개운하게 살릴 수 있다는 생각에 따뜻한 요리에는 따뜻한 야채를 곁들이는 서양의 상식을 파괴했다. 그러나 소스는 아직도 도미그라 소스를 상용했다. 고기도 얇았으며 이름도 여전히 포크 커트레트였다.

그러던 중 1929년 일본의 궁중에서 요리를 담당하였던 시마다 신지로[島田信二郎]가 우에노에 있는 본치겐[元祖とんかつぽん多]이라는 가게에서 '돈가스'라는 이름으로 새로운 음식을 간판에 내걸었다(이 가게는 아직도 성업 중이다). 돈은 돼지고기를 뜻하는 일본어이고 '가스'는 커트레트를 일본화하여 발음한 것이다. 게다가 일본어로 '가스'는 '이긴다[かつ]'는 의미를 가지고 있어 환영을 받았는데, 이러한 돈가스는 일본에서 육식에 대한 관심을 높이고 보급시킨 음식이 되었다. 조리사 시마다는 서양요리의 경험이 있었는데 돼지고기의 두께를 2-3센티로 두껍게 하였고 칼로 잘라 젓가락으로 먹도록 하였다. 안심은 사실 잘 사용하지 않는 부위인데 이를 이용한 것도 메뉴에 추가하였다. 소스는 우스타 소스나 돈가스 소스를 따로 만들었고,

된장국(미소시루)과 밥을 같이 내어 각광을 받았다. 이로써 돈가스는 포크 커트레트에서 새로운 대중적인 음식으로 부활했다.

서양음식을 처음 알린 것은 소고기였지만 일본의 국민음식이 된 것은 돈가스였다. 이보다 앞서 와세다대학의 대학원생이었던 나가니시게지로는 커틀릿을 밥에 얹어먹는 '돈가스덮밥'을 고안했다. 사실은 돈가스란 말이 만들어지기 8년 전이었으므로 당시 사용하던 이름은 '까스동'이었는데, 이것을 가게 주인에게 추천하였다는 것이다.

일본의 유명한 작가 요시모토 바나나(吉元ばなな, 1964~)는 그의 소설 『키친』에 미카게라는 여주인공이 맛있는 돈가스덮밥을 먹는 장면을 삽입했다. 즉, 미카게가 비싼 왕복 요금을 지불하고 1인분을 포장해 택시를 타고 애인 유이치에게 돈가스덮밥을 배달하는 장면이 나온다.

드디어 돈가스 덮밥이 나왔다.

모양새도 먹음직스럽게 생겼지만 먹어보니 정말 맛있다. 굉장한 맛이다. 고기의 질하며, 소스의 맛하며…… 이 돈가스덮밥은 거의 행복한 만남이라고 해도 좋을 정도의 솜씨다.[38]

돈가스에 감탄한 여주인공 미카게는 "낯선 땅 낯선 여관의 지붕 물구덩이 속에서 한겨울에, 돈가스덮밥과 함께 밤하늘을 올려다보지 않을 수 없게" 된다. 그만큼 돈가스는 국민감성에 호소하는 국민음식이 되었다. 일본인이 외국에서 향수병에 걸리면 돈가스, 카레라이스, 크로켓이라고 하는 3대 일식이 먹고 싶어진다고 할 정도로 돈가스는 일본인에게 이상한 마력을 발휘하는 것이다. 오랜 기간 육식을 하지 않았던 일본인에게 이제 돈가스는 태초에 일본에서 만들어진 음식처럼 정이 든 고국의 음식이 되었다.

다른 문화를 수용한다는 것

별사탕에서 시작하여 카스텔라, 단팥빵, 돈가스의 탄생으로
이어지는 긴 여정을 지나왔다. 그 사이사이 학교 앞의 뽑기도
나오고 소보로빵, 식빵도 등장하였다. 그리고 메리어스, 빌로
드, 화투, 버튼과 같은 낯익은 말들이 포르투갈과 스페인이 아
시아에 진출하면서 쏟아낸 말이라는 것도 알게 되었다.

일본이 서양문화를 수용하는 과정을 지켜보면 유달리 물건
에 대한 집착이 있음을 알 수 있다. 대항해시대에 세계사의 흐
름에 휘말린 일본은 생활에서 혁명적인 변화를 경험하였다. 예
수회의 선교사가 그토록 전파하고자 했던 종교적 가치가 일본
에서 크게 영향을 미치지 못하고 그 흔적을 찾아보기 어려운
것과 달리 물건을 둘러싼 일본의 집착은 생활의 크나큰 변화

를 이끌어 왔다. 이 같은 변화는 복장과 식생활에서 현저하게 눈에 띄기도 한다.

일례로 1796년 오사카 주변의 명소를 안내하는 책, 『오사카 명소기(名所記)』가 발행되었다. 여기에 고모리도[蝙蝠堂]라는 가게가 나온다. 이은 유리제품, 도자기, 항아리, 타조의 깃털, 정전기 발전기 등의 인상적인 상품을 전시해 통행인의 시선을 끄는 곳이었다. 도쿄주변의 명소를 안내하는 책 『에도 명소기』에는 렌즈, 거울, 현미경, 망원경, 유리, 상자그림을 판매하는 무라노야[村野屋]라는 곳이 등장한다. 이러한 물건은 네덜란드가 수입하는 주요상품이 아니라 주변상품이었다.

포르투갈어와 달리 네덜란드어 중에서 일본어로 일반화된 것은 '라켓, 팽키(방수, 혹은 부패하는 것을 막기 위해 배 바닥의 물이 닿는 부분에 칠하는 페인트), 스콥, 글라스, 카메라, 렌즈, 코르크, 비루 조끼(맥주잔), 스포이트, 메스, 콜레라, 인플루엔자' 등인데, 유난히 의학과 과학의 용어가 많다. 네덜란드 상관이 주로 취급했던 것은 설탕, 동, 옷감이라는 일상적인 상품들이었는데, 결과적으로는 주변적 수입품이 일본인의 관심을 끌었던 것이다. 망원경, 현미경, 안경, 프리즘, 만화경, 정전기 발전기, 유리그릇, 유리판, 환등기, 샹들리에, 시계, 완구, 인쇄물, 망원경, 가위, 펜나이프, 와인, 과자, 서적 등이 '기묘한 기구[奇器]'라 불리면서 급속히 보급되고 애호되었다. 일본인은 현미경, 육분의를 눈앞에 두게 되자 '이것이 어떠한 것인가?' 하는 난문에 대한 해답을 구하려고 애썼다. 그 의문은 곧 '서양인은 왜 이런 도구를 필요로 하는가?' '이런 도구를 이용한 지식을 어떻게 이해하는가?' 하는 식으로 꼬리를 물었다. 그 이전까지 일본인들은 유일한 계명적인 체제가 중국의 체제라고 생각하였지만 이러한 인식은 '란'의 출현으로 바뀌게 된 것이다.

네덜란드인의 정밀지향성은 일본인들로부터 감탄을 이끌어 냈다. 장군 요시무네가 서양의 서적을 금서에서 해금한 것 역시 네덜란드의 통역사가 헌상한 박물학서적의 도판그림이 너무나도 정교하니 가치가 있을 것이라는 판단에 의한 것이었다. 데지마의 모습을 그린 그림두루마리에 등장하는 네덜란드인은 항상 상품을 재고 짐의 수를 세고 정량화하고 저울에 올리고 그 내용을 파악하고 있었다.

일본인은 정밀한 광학기계를 보고 네덜란드인을 직접 접하지 않아도 네덜란드사람은 정밀하고 합리적일 것이라고 서로 이야기하였다. '네덜란드 애호'라는 말이 생겨나고 이러한 '네덜란드 버릇'은 전 계층에서 유행하였다. 쇄국의 시대에 일본인들은 직접 외국에 나갈 수는 없어도 이러한 물건들을 통해 일본의 국경 밖에 자신들과는 다른 인간들이 현실적으로 존재한다는 사실을 이해하였다. 이러한 서양의 문물 자체가 일본인들에게는 곧 눈앞에 펼쳐진 서양이었다. 즉, 수입된 물건으로부터 새로운 정신(mentality)이 생겨난 것이다. 일본인의 서양관은 이러한 진귀한 물건을 늘어놓아 구경을 시켜주는 '흥행사가 늘어놓은 문구'에서, 혹은 나가사키를 보고 고향에 돌아가 작성한 견문기의 간행에서, 축제에서 네덜란드 물품의 전시를 보기 위해 늘어선 줄에서 네덜란드로 대표되는 서양을 개인적으로 느끼면서 형성되었다.

　무엇보다 광학기계에서 새로운 세계가 열렸다. 기온이나 온도, 열과 같이 보이지 않는 것을 눈금이나 표시가 있는 기계나 기구로 바꾸어 수량으로 인지하게 하는 광학기계는 물건에 집착하는 일본인을 감탄하게 하였다. 눈으로 확인할 수 없는 열, 거리, 무게, 시간이 기압계, 온도계, 육분의, 저울, 시계에 의해 눈에 보이는 형태로 변환되는 것을 보는 것은 충격이었다.

　점차 약소국가가 되어버린 네덜란드에는 스페인이나 포르투갈과 달리 라이덴 대학과 같은 우수한 대학이 있었고 네덜란드 어학, 의학, 천문학, 물리학, 화학 등의 자연과학과 측량술, 포술, 제철 등의 기술과 서양사, 세계지리, 외국사정 등의 인문과학은 나가사키를 통해 네덜란드에서 일본으로 들어왔다. 이러한 '난학'은 의학, 천문학, 그리고 병학으로 확산되었고 이런 과정에서 난학은 점차 그 학문의 범위가 네덜란드를 벗어나자 양학이라는 새로운 명칭을 얻게 되었고 1857년 에도막부는 공식적으로 양학연구를 하기 위해 외국서적을 번역하는 기관을 만들었다. 이 기관은 카이세이쇼[開成所], 카이세이학교[開成学校]로 명칭이 바뀌면서 페리의 내항에 자극받아 서양정보와 기술 번역을 위한 이식직할기관으로 기능이 확장되었고, 그리하여 지금의 도쿄대학이 되었다.

　이 과정에서 무너진 것은 고전적인 중화관이었다. 중국이 세계의 중심이고 그것과 거리가 가까운가 먼가에 의해 가치관을 정하는 주연파급(周延波及)이론은 무너지고 말았다. '세계에는 중심이 있다'는 중화적인 세계관이 흔들려버린 것이다. 『해체 신서』를 둘러싼 중국의학과 서양의학의 대결은 흥미롭다. 스기타 겐파쿠는 네덜란드는 중국에서 떨어져 있고 성인의 길이 존재하지 않는 나라라는 재래의 가치관에 대해 '의학의 가르침에 성인이란 존재하지 않는다'는 입장을 취한다. 즉, 오장육부와 같은 정확하지 않은 의학의 정보를 제공하는 중국의 고전적인 의학은 사람을 속인다는 것이다. 예를 들어 중국은 사물에 의하여 문자를 만든다며 한 글자에 한 가지 뜻이 있거나 한 한자에 10가지나 20가지 의미가 있다. 그러니 밤낮으로 침식을 잊고 공부를 하여도 그 뜻을 알기 어려운 데 비해 24글자만 알면 충분한 홍모인의 글자가 현명하다는 것이었다. 마치 모래시계를 뒤집는 것처럼 고전적인 가치관에 대한 관점의 변화가 이렇듯 야기되었다. 일본이 메이지시기에 이르러 중국학문과 서양학문의 지위를 대체할 수 있었던 것은 이러한 학문에 대한 사고방식의 변화에 의한 것이라고 생각한다.

일본은 서양문명 중에 유난히도 물건에 집착하였다. 별사탕과 카스텔라, 단팥빵, 돈가스로 이어지는 일련의 움직임에서는 일본의 서양문화 수용의 태도가 엿보인다. 소고기는 문명개화의 상징이고 이제 단팥빵과 돈가스는 일본인에게 '소울 푸드'가 되었다. 일본인에게 있어 문화란 바로 세우거나 청산하는 것이 아니라 항상 축적하고 보태나가는 것이었다.

별사탕은 별사탕로드를 통해 일본에 직수입된 포르투갈의

문물이고 카스텔라는 이를 일본식으로 수용하면서 만들어진 것이었다. 또한 이것들은 설탕을 다량으로 사용했기 때문에 네덜란드와 남만무역이 진행되면서 설탕도 보급되었다. 좀 더 심각한 상황이었던 페리의 일본 도착은 '팥과 빵의 만남'과 '벚꽃 꽃잎의 소금 절임'이라고 하는 내셔널리즘과 결부하였다. 소고기 전골요리는 당시의 일본의 발전목표인 문명개화의 슬로건이 되었고, 돈가스는 일본인의 정든 음식이 되어 가장 상업적으로 성공한 식품이 되었다고 생각한다.

그런데 일본이 이렇게 서양문화를 수용하는 과정에서 등장하는 많은 음식은 우리에게도 그대로 전달되어 낯설지 않다. 일본식 돈가스는 한국 거리에서도 성업 중이고 단팥빵은 한동안 앙꼬빵(일본어로는 앙빵)이라고 불렸으며 별사탕, 곰보빵, 뽑기 그리고 식빵도 그대로 통용되고 있다. 이리한 음식들이 한국에 정착되는 과정에 대하여는 자료를 찾기 어려웠고 서양문물의 한국 유입사를 확인하자는 목적도 아니었으므로 찾지 않았다. 다만 간단한 연구를 통해 드러난 단팥빵과 돈가스, 별사탕과 카스텔라의 과거사를 들추다 보니 이들에게 메이드 인 재팬(made in Japan)이라는 꼬리표를 달아주는 것 같아 마음이 편치 않다. 그런 일이야 없겠지만 애꿎은 과거사 청산으로 이러한 과자와 음식들이 친일의 오명을 쓰고 사라지지 않기를 바랄 뿐이다. 이유는 맛있기 때문이다.

1) 15세기에서 17세기에 걸쳐 포르투갈과 스페인 등의 유럽국가가 항해와 탐험을 통해 해외로 진출한 시기.

2) 1563년 일본에 상륙하여 1597년에 사망할 때까지 35년간 일본에 체류한 프로이스 신부는 글을 쓰는 데 재능을 보여 후에 선교의 임무에서 벗어나 일본에서의 전교기록을 남기는 역할을 하였다. 지금 현재 리스본의 구왕실문고 아쥬다도서관에『아시아에서의 예수회 Jesuitas na Asia』라는 제목의 작은 책 61권(31X22㎝, 板紙表紙背皮製)이 남아있는데, 이는 마카오에 있었던 예수회 일본관부의 기록을 필사한 사본이다. 그 중 1권이 파드레루이스 프로이스의『일본사 Historia de Japo』의 사본이다. 그는 1582년부터 1586년까지『일본사』를 집필하였으나, 이 책은 생전에 간행되지 않았다. 자비엘 연구가인 예수회의 죠셉 마리크로가 포르투갈의 도서관을 방문하면서 리스본 교외의 아쥬다왕실문고에서『일본사』를 발견하여 슐함메르와 포렌츠의 번역과 주석으로 라이프치히의 아지아 마 서점에서 1926년 간행되었다. 일본어로 된 번역본으로는『日本史1-5』(平凡社東洋文庫, 1978)가 있다.

3)『耶蘇士日本通信』, ルイス·フロイス,『日本史』四卷, 157쪽, 東洋文庫平凡社, 1978.

4) 노부나가는 파드레에게 "몇 살인가" "포르투갈과 인도에서 일본에 온지 몇 년이 지났는가" "몇 년 공부를 했는가" "친척은 다시 포르투갈에서 파드레를 만나기를 고대하고 있는가" "매년 유럽이나 인도에서 편지를 받는가" "노정은 어느 정도인가" "일본에 머물 생각이 있는가" 등의 서두적인 질문을 한 후 "만약 데우스의 가르침이 이 나라에서 퍼지지 않는다면 인도에 돌아갈 것인가"라고 물었다. 또한 노부나가는 파드레가 그렇게 먼 곳에서 일본에 온 것은 무슨 동기인지도 물었다.

5) 도요토미 히데요시의 일대기를 그린 전기물.

6) 차 역시 기후와 풍토가 적정하여야 했으므로 차는 인도에서 생산되기 시작한 후 유럽에 전해졌다.

7) 원래 예수회의 본부가 있었던 로마의 제스 교회에는 1619년 성인의 칭호를 받은 자비엘의 오른손이 유리 안에 놓여있다고 한다. 유해의 일부가 로마에 돌아온 것이다. 천장에는 로욜라와 자비엘의 그

림이 있고 오른쪽에는 천사가 아미다 석가를 밟고 있는 그림이 있다.

8) 야마구치의 영주 요시타가[大内義隆]는 그들을 태국이나 인도에서 온 사람이라고 생각하였고(실제로 그들은 인도에서 왔으므로) 그들의 항해와 인도, 유럽에 관한 이야기와 기독교의 설교를 들었다. 자비엘은 페르난데스를 통해 이미 일본어로 번역해둔 우주의 창조와 십계, 소돔의 죄에 대하여 말하며 이러한 행위를 하는 인간은 돼지보다 부정하고 개나 금수보다 열등하다고 하였다. 영주 요시타가는 이 대목에서 분연한 반응을 보이고 있다. 거리에서 이들이 일본인의 죄악이라고 지목한 것은 전능의 데우스를 잊고 있는 점, 데우스의 적이고 악마인 나무나 돌, 물건들을 숭배하는 점, 약을 이용하여 태아 중절을 하는 점이다.

9) 남만병풍이 인기가 있었던 이유는 남만병풍이 복을 가지고 오는 것이라고 생각되었던 때문이다. 특히 부를 중히 여겼던 상인의 가문에서 소장하는 경우가 많았다는 것이 이를 증명한다.

10) 도요토미 히데요시의 전용화가였던 경력이 있다. 가노파 연구가는 그의 작품을 저널리스틱한 그림이라 평하고 있다. 그는 기록성이 높은 그림을 그리는 화가이다.

11) 카토기요마사(1562~1611)가 입었다고 하는 남만복장의 의상은 24개의 단추와 단추구멍이 있다. 목의 컬러가 세워진 것이 스페인식이다.

12) 渡辺実, 『日本食物史』, 吉川弘文館167頁, 1964.

13) 田尻陽一, 「カステラのルーツ, ビスコチョをめぐる旅」, 『カステラ文化誌全書』, 平凡社, 1995.

14) 『カステラ文化誌全書 East meets West』, 平凡社, 1995.

15) 일본인은 이 시기까지 계란도 별로 먹지 않았다.

16) 마쓰다 기이치는 1549~1589년까지를 포교공인시대, 1587~1614년까지 포교묵인시대, 그리고 1614년부터는 금교박해시대라고 구분하고 있다.

17) 安達巖, 『新版日本型食生活の歴史』, 新泉社, 2004.

18) 로테르담을 출발한 300톤짜리 5대 중 하나만 남음, 선미에 에라스무스의 목상이 장식되어있는 것으로 잘 알려져 있다.

19) Joost van Vondel, Werken vol.3, pp.628~629.

20) 「平戸オランダ商館日記」, 1635년 2월3일~5일 내용.

21) 山本博文, 『鎖国と海禁の時代』, 校倉書房, 1995.

22) 이들이 유일하게 데지마를 떠나 일본을 여행하는 기회는 1년에 한 번 있었다. 에도에 가서 장군을 만나는 것이었다. 이를 에도참부 라고 하는데 네덜란드 상관에서 에도로 여행한 횟수는 전부 166회 였다.

23) 정하미, 「일본의 서양학문수용」, 『일본문화연구 4집』, 2001.

24) 「平戸オランダ商館日記」, 1641년 6월 10일 내용.

25) 일본은 영국을 통하여 카레라는 음식을 먹기 시작하였으며 지금 카레 소비량은 인도 다음으로 세계에서 2위라고 한다.

26) '당관에마키'와 '란관에마키' 2점 세트. 원판은 나가사키시립박물 관에 소장되어 있다.

27) 司馬江漢, 『江漢西遊日記』, 現代思潮社, 1983.

28) 1750年(寛延3年)의 蘭和辞典, 紅毛訳問答은 에도에서 나가사키부 교쇼에 부임한 小倉善就의 아버지가 쓴 것이라고 하는데 여기에서 네덜란드 통사로부터 들은 말을 전하고 있다.

29) 『榢林雑話』, 1799, 『海表叢書』, 成山堂書店, 1985.

30) 福沢諭吉, 「西洋事情」, 『外編1』, 1867.

31) 加藤祐一, 『文明開化』.

32) 加藤祐一, 『明治天皇紀』, 12月17日 『獣肉の供進』, 吉川弘文館, 1968.

33) 『吉井友実日記』.

34) カタジナ·チフィエルトカ, 「近代日本の食文化における西洋の受容」, 『全集日本の食文化8巻 異文化との接触と受容』, 雄山閣出版, 1997.

35) 仮名垣魯文, 『魯文新報』, 1877.

36) 岡田哲, 『とんかつの誕生』, 講談社, 2000.

37) 服部誠一, 『東京新繁昌記』, 竜渓書舎, 復刻版, 1992.

38) 요시모토 바나나, 『키친』, 민음사, 1991.

큰글자 살림지식총서 065

일본의 서양문화 수용사

펴낸날	초판 1쇄 2013년 4월 12일
	초판 2쇄 2018년 4월 6일

지은이	**정하미**
펴낸이	**심만수**
펴낸곳	**(주)살림출판사**
출판등록	**1989년 11월 1일 제9-210호**

주소	**경기도 파주시 광인사길 30**
전화	**031-955-1350** 팩스 **031-624-1356**
홈페이지	http://www.sallimbooks.com
이메일	book@sallimbooks.com

ISBN	978-89-522-2402-6 04080
	978-89-522-3549-7 04080 (세트)

※ 이 책은 큰 글자가 읽기 편한 독자들을 위해
글자 크기 14포인트, 4×6배판으로 제작되었습니다.

001 미국의 좌파와 우파

이주영(건국대 사학과 명예교수)

미국 좌파와 우파의 변천사를 통해 미국의 정치와 사회, 그리고 문화가 어떻게 형성되고 변해왔는지를 추적하고 있다. 그리고 각 시대의 고민들이 무엇이었는지, 그리고 그것들을 해결하는 데 주도적인 역할을 했던 세력들의 발자취를 통해 지식인들과 정치인들의 역할이 무엇인지 서술했다.

002 미국의 정체성 10가지 코드로 미국을 말한다

김형인(한국외국어대 사학과 교수)

개인주의, 청교도정신, 개척정신, 실용주의 등 10가지 코드를 통해 미국인의 정체성과 신념을 추적한 책이다. 미국인의 가치관과 정신이 어떠한 과정을 통해서 형성되고 변천되어왔는지를 보여준다. 오늘날 미국이 세계의 패권을 쟁취하게 된 정신적 배경 등 역사 · 문화 · 정치 분야에 대한 다양한 접근을 통해 미국의 정체성을 드러낸다.

003 마이너리티 역사 혹은 자유의 여신상

손영호(청주대 역사문화학과 교수)

미국의 상징인 '자유의 여신상'의 신화와 감춰진 실상 등을 다룬 책이다. 여신상의 제작 과정과 미국에 기증된 배경, 여신상의 이미지가 미국의 역사와 미국인의 생활 속에 어떻게 변질되고 왜곡되었는지를 보여준다. 우리는 이 책을 통해 아메리칸 드림의 선봉장인 여신상이 어떻게 미국의 건국정신뿐만 아니라 미국의 모순까지도 드러내는지를 알 수 있다.

004 두 얼굴을 가진 하나님 성서로 보는 미국 노예제

김형인(한국외국어대 사학과 교수)

성서가 노예제도를 비호하는 가장 중요한 텍스트였다? 성서에 대한 노예제 찬반론자들의 해석을 통해 어떻게 인간에 의해 '두 얼굴을 가진 하나님'이 만들어지는지를 보여주는 책이다. 성서를 근거로 자신들의 입장을 어떻게 옹호하려 했는지를 구체적 예를 들어가면서 살펴보고 있다.

009 미국 문화지도

장석정(일리노이 주립대 경영학 교수)

정치, 경제, 언론, 문화, 예술 등 다양한 분야에 걸쳐서 미국 문화의 전반적인 틀을 소개한 책이다. 미국 문화와 속성, 그들의 독특한 언어관과 세계관을 우리의 문화와 비교하면서 그려내고 있다. 이 책을 통해 우리는 미국을 알 수 있는 것과 동시에 우리 자신도 알 수 있게 될 것이다.

058 중국의 문화코드

강진석(한국외국어대 중국외교통상학부 교수)

중국의 핵심적인 문화코드를 통해 중국인의 과거와 현재, 그들 문명의 형성 배경과 다양한 문화의 양상을 조명한 책이다. 이 책은 문화에 대한 접근을 통해 중국을 해부하고 있으며, 이를 통해 중국인의 대표적인 기질이 어떠한 역사적 맥락에서 형성되었는지 주목하고 있다.

079 미국을 만든 사상들 　eBook

정경희(영산대학교 자유전공학부 교수)

낯선 땅 아메리카 대륙에 정착한 초기 식민지인들은 어떤 고민을 했을까? 그들을 혁명으로 몰아가게 한 사상은 무엇인가? 미국을 만들어가는 과정에서 그들이 겪었던 갈등과 쟁점은 또한 무엇이었을까? 이 책은 이러한 물음에 대한 대답과 함께 연방주의자와 반연방주의자가 대립하는 과정에서 쏟아져 나온 수많은 정치저술서를 동해서 오늘의 미국을 만든 정치사상이 무엇이었는가를 보여준다.

082 미국의 거장들 　eBook

김홍국(정치평론가·국제정치학 박사)

항상 '세계 최고'라는 수식어가 자연스럽게 따라다니는 미국의 거장들. 이 책은 미국 경제의 토대를 닦았던 리더들의 꿈과 좌절, 그리고 불굴의 의지와 변신을 통해 어떻게 미국이 세계 경제의 강자로 군림하고 있는지를 설명한다. 미국의 거장들이 독특한 경영철학과 사업전략으로 거대한 부를 이룬 과정이 소개되고, 그들이 세계 경제에 끼치는 영향 등이 설명된다.

083 법으로 보는 미국

채동배(미국 텍사스 댈러스 지방법원 판사)

미국 사법제도의 이해를 통해 한국 사법제도의 개혁 방향을 모색한 책이다. 미국 현직 판사 신분을 가지고 있는 이 책의 저자는 미국의 사법제도가 형성된 과정과 초기 변호사들의 활동을 통해 미국이 그러한 법률 문화를 가지게 된 배경을 설명한다. 그리고 이를 통해 한국 사법제도의 개혁에 대해서 그 구체적인 방안을 제시하고 있다.

262 미국인의 탄생 미국을 만든 다원성의 힘 `eBook`

김진웅(경북대 사회교육학부 교수)

다양한 인종들이 모여 사는 나라 미국. 구조적인 갈등과 대립 속에서 어떻게 조화를 이루며 미국이라는 거대한 국가를 형성하고 또한 정체성을 형성해왔는가를 설명한 책으로 오늘의 미국인이 걸어온 길을 천착한다. 이 책의 저자는 미국적 동질성을 이끈 힘, 다양한 문화의 수혈, 공식 언어 문제를 다루면서도, 미국이 안고 있는 문제에도 주목한다.

331 중화경제의 리더들 `eBook`
곽스 시니카와 화교 네트워크

박형기(전 「머니투데이」 국제부장)

개혁개방을 선언했지만 자본이 없었던 중국 공산당에 막대한 '시드 머니'를 대준 이들이 바로 세계 각국에 퍼져 있는 화교들이다. 이들은 강한 적응력으로 각처에서 경제적 성공을 거두었고 이를 바탕으로 '조국'의 경제성장을 지원했다. 세계 경제에서 두각을 나타내는 중국계 경제인들을 살펴본다.

464 미국의 장군들 `eBook`

여영무(남북전략연구소장)

흔히 인류의 역사를 가리켜 '전쟁의 역사'라고 한다. 전쟁을 기점으로 역사가 완전히 뒤바뀌는 경우를 생각하면 '전쟁의 리더'는 그야말로 인류 역사를 좌지우지하는 최고 권력자인 셈이다. 그중에서도 이 책은 미국의 역사 속에서 빛을 발한 14인의 군사 리더들에게 초점을 맞춘다.

eBook 표시가 되어 있는 도서는 전자책으로 구매가 가능합니다.

㈜살림출판사
www.sallimbooks.com
주소 경기도 파주시 광인사길 30 | 전화 031-955-1350 | 팩스 031-624-1356